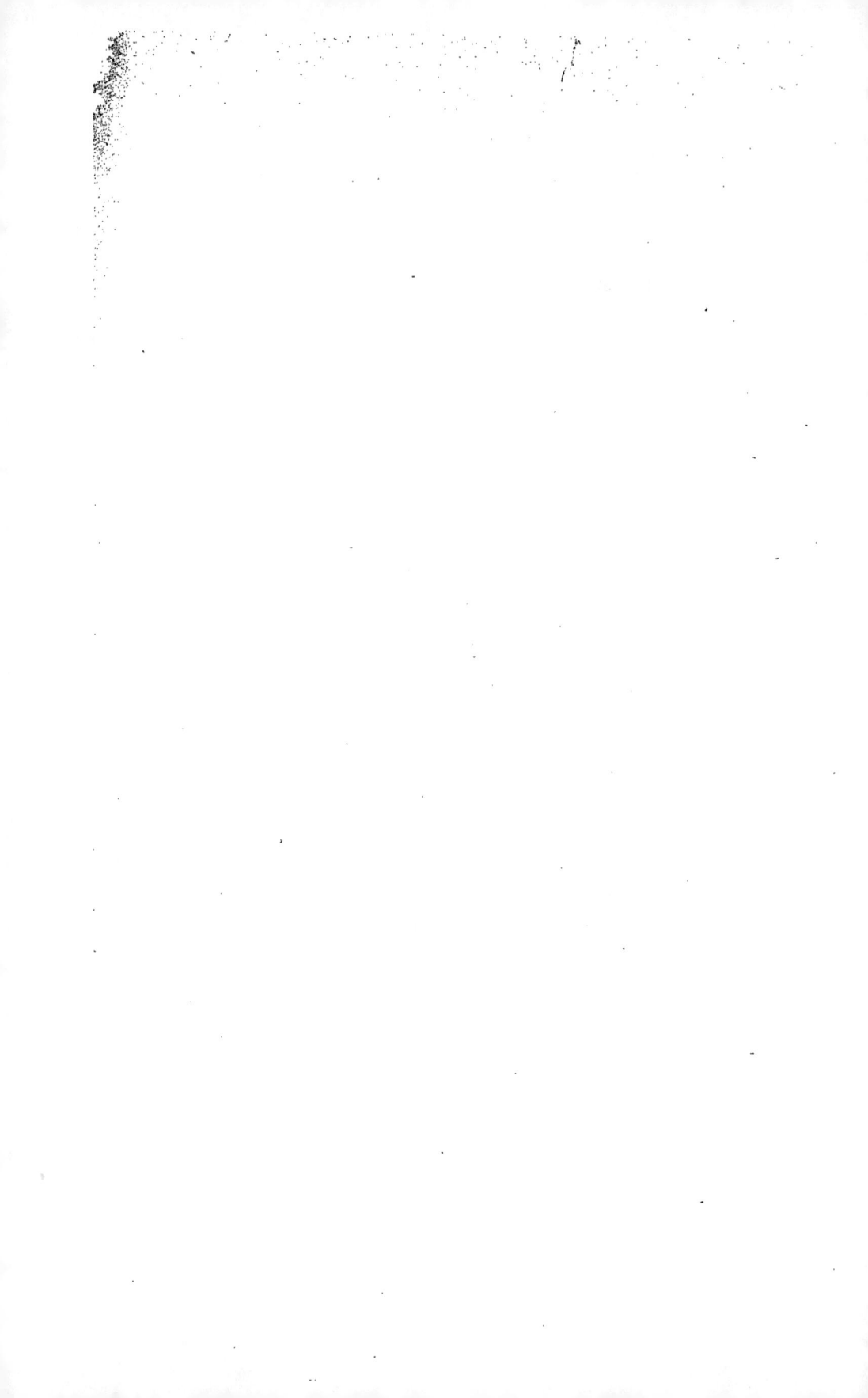

FACULTÉ DE DROIT DE TOULOUSE

DROIT ROMAIN

DE LA

RESTITUTIO IN INTEGRUM

QUOD METÚS CAUSÂ

DROIT FRANÇAIS

DE LA

RÉHABILITATION

DES CONDAMNÉS

THÈSE POUR LE DOCTORAT

PAR

Henry LASSERRE

Avocat

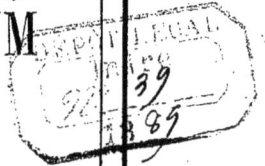

PARIS

LIBRAIRIE NOUVELLE DE DROIT ET DE JURISPRUDENCE

ARTHUR ROUSSEAU, ÉDITEUR

14, RUE SOUFFLOT, ET RUE TOULLIER, 13

1889

THÈSE

POUR LE DOCTORAT

Châteauroux. — Typographie et Stéréotypie A. MAJESTÉ.

DROIT ROMAIN

DE LA

RESTITUTIO IN INTEGRUM

QUOD METÙS CAUSÀ

FACULTÉ DE DROIT DE TOULOUSE

DROIT ROMAIN

DE LA

RESTITUTIO IN INTEGRUM

QUOD METUS CAUSÂ

DROIT FRANÇAIS

DE LA

RÉHABILITATION

DES CONDAMNÉS

THÈSE POUR LE DOCTORAT

PAR

Henry LASSERRE,
Avocat.

PARIS

LIBRAIRIE NOUVELLE DE DROIT ET DE JURISPRUDENCE

ARTHUR ROUSSEAU, ÉDITEUR

14, RUE SOUFFLOT, ET RUE TOULLIER, 13

1889

FACULTÉ DE DROIT DE TOULOUSE

MM. PAGET, Doyen, professeur de Droit romain.

BONFILS, ✻, Doyen honoraire, professeur de Droit commercial.

POUBELLE, O. ✻, professeur de Code civil, en congé.

ARNAULT, ✻, professeur d'Économie politique, en congé.

DELOUME, professeur de Droit romain.

CAMPISTRON, professeur de Code civil.

WALLON, professeur de Code civil.

BRESSOLLES (Joseph), professeur de Procédure civile.

VIDAL, professeur de Droit criminel.

HAURIOU, professeur de Droit administratif.

BRISSAUD, professeur d'Histoire Générale du Droit, chargé du cours de Droit coutumier.

ROUARD de CARD, agrégé, chargé d'un cours de Code civil.

De BOECK, agrégé, chargé du Cours d'Économie politique.

MÉRIGNHAC, agrégé, chargé du cours de Droit international privé.

TIMBAL, agrégé, chargé du cours de Droit constitutionnel.

DESPIAU, agrégé, chargé du Cours d'Histoire Générale du Droit.

M. MOUSSU, secrétaire.

M. HUMBERT, O. ✻, sénateur, professeur honoraire.

M. HUC, ✻, Conseiller à la Cour d'appel de Paris, professeur honoraire.

M. BRESSOLLES, ✻, professeur honoraire.

M. GINOULHIAC, ✻, professeur honoraire.

Président de la Thèse : M. VIDAL.

Suffragants : { MM. BONFILS.
CAMPISTRON.
De BOECK.

La Faculté n'entend approuver ni désapprouver les opinions particulières du candidat.

A MON PÈRE ET A MA MÈRE

Hommage de pieuse reconnaissance, de respect et de
tendre dévoûment.

MEIS ET AMICIS

DROIT ROMAIN

DE

LA RESTITUTIO IN INTEGRUM
METUS CAUSA

INTRODUCTION

Un acte juridique est accompli : une convention lie
entre elles diverses personnes. C'est le consentement
libre et éclairé de l'agent, le concours des volontés
libres et éclairées des parties contractantes qui donnent naissance à l'acte juridique, à la convention et
qui en légitiment les effets.

Mais son âge rend-il l'agent incapable de comprendre la portée juridique de ses actions, le consentement de l'une ou de l'autre des parties est-il le résultat d'une erreur, de manœuvres dolosives ; n'est-il
accordé que sous l'empire d'une crainte occasionnée
par la violence physique ou morale, l'acte juridique,
la convention, quelque régulières qu'en aient été les
formes, doivent disparaître : leurs effets doivent être

1

annulés : et si la victime de sa propre incapacité ou des manœuvres d'autrui recourt au juge, le juge doit, dans la limite du possible, rétablir intégralement les parties dans la situation juridique que le consentetement vicié a modifiée.

Ces principes qui nous paraissent évidents aujourd'hui et dont la *Restitutio in integrum metûs causâ* a été une fort intéressante application, ont eu grand peine à se faire jour dans le droit romain. Il nous paraît utile d'examiner rapidement — et en nous tenant dans des généralités — quelle suite de progrès, améliorant le droit antique, amena logiquement l'institution juridique prétorienne qui forme le sujet de notre étude.

Comme toutes les législations primitives, et pour des motifs dont le développement si souvent exposé par d'éminents juristes serait ici de la très-banale psychologie, le droit romain ancien était essentiellement formaliste.

L'acte est-il, au moment où il est passé, régulier dans sa forme, toutes les apparences qui légalement couvrent le droit y sont-elles réunies, l'acte devient irrévocable : il est devenu le droit et comme lui il doit être immuable. Tous les contrats sont solennels : le *nexum* ou contrat *per æs et libram* en est le type. Il faudra des siècles et d'immenses progrès dans les idées et dans les mœurs pour que successivement les contrats réels et consensuels et enfin les contrats innomés viennent attester le développement complet des idées juridiques, la prédominance à jamais as surée du fond sur la forme, de l'esprit sur la lettre.

Les progrès furent lents, mais continus.

On commença par décider qu'en dépit de la parfaite régularité des formes légales, l'absence totale du consentement empêchait le contrat de se former.

Mais le consentement, quoique réel, peut être insuffisant ou vicié. Y a t-il, au point de vue de sa valeur morale, grande différence à faire entre un consentement apparent, inexistant au fond, et le consentement du mineur [1] que son âge rend incapable de comprendre la portée de ses engagements ? Le mineur n'en était pas cependant moins lié ; quel que fut le préjudice à lui causé, l'acte régulièrement passé ne pouvait pas être déclaré nul [2]. Et si l'acte passé par l'impubère, sans l'*auctoritas* de son tuteur, était, lorsqu'il rendait sa condition pire, frappé de nullité [3], c'est que le législateur romain considérait l'*auctoritas* comme une condition de forme exigée dans l'intérêt de l'impubère.

1. Nous emploierons le mot *mineur* dans le cours de cette étude, quoiqu'il n ait un sens juridique *romain* que suivi d'un nombre quelconque d'années. Ce léger solécisme juridique nous permettra d'alléger un peu notre style.

2. L. 12, § 1, D. *De administ. et peric. tut* , 26, 7.

3. *Instit. proœm. De auctorit. tutor.* I. t. 21 — Gaius. *Comment.* 2. § 83. — L 2. D. *De acceptil.* 46, 4.

L'impuberté d'ailleurs cessait à quatorze ans : à cet âge la capacité juridique était entière, mais l'incapacité intellectuelle et morale durait encore : la protection était nécessaire. Le droit civil sur ce point précéda l'équité prétorienne. Dès le sixième siècle et peut-être à une époque antérieure[1], la loi *Plœtoria* permet au pubère mineur de vingt-cinq ans de demander — au moins par voie d'exception — la nullité d'un engagement contracté avec un tiers qui avait abusé de son inexpérience. C'était là sans doute une protection bien insuffisante; si elle armait le mineur contre son co-contractant, elle le laissait désarmé en face de ceux qui pouvaient avoir profité de la convention par suite d'un accord ultérieur avec ce dernier, les sous-acquéreurs du bien qu'il avait aliéné par exemple. Mais en attendant que la *restitutio in integrum* vînt, sur ce point, donner satisfaction à l'équité, la loi *Plœtoria* constituait un progrès très-sérieux[2].

La réaction fut beaucoup plus longue en ce qui concerne les consentements viciés par l'erreur, le dol ou la violence : le droit civil n'accomplit point la réforme. Considéra-t-il que l'erreur, le dol et la violence ne se

1. La loi Plœtoria est citée dans le *Pseudolus* de Plaute (acte I, sc. III, v. 84).

2. Si nous insistons un peu longuement sur la *restitutio in integrum*, en cas de minorité de vingt-cinq ans, c'est qu'elle fut la plus ancienne en date et peut être considérée, par conséquent, comme le prototype des autres restitutions.

présument point et que la preuve en serait difficile ? On n'admettait d'ailleurs, même pour le mineur, de recours que contre le co-contractant. Or, il peut parfaitement ignorer le vice dont l'erreur, le dol ou la violence a infecté le consentement de la partie avec laquelle il traite. Si le mineur n'est pas responsable de son incapacité, il arrive fréquemment que l'erreur, le dol ou la violence soient en partie imputables à l'imprudence ou à la négligence de celui qui en a été victime.

Ce sont là probablement les raisons qui expliquent l'inflexible rigueur du droit romain primitif. Mais pour la violence, encore moins que pour l'erreur et le dol, elles la justifient fort peu. On peut, en étudiant avec soin les engagements qu'on va prendre ou qu'on accepte d'autrui, en s'entourant de conseils éclairés, éviter l'erreur et déjouer le dol. Mais la violence est presque toujours inopinée : il est très difficile aux âmes moyennes — et c'est pour elles que sont faites les lois — de résister à cette force extérieure qui annihile la volonté. N'importe, le droit civil est inflexible : le consentement n'est pas libre, mais il est ; l'acte ne sera pas annulé : « *Quamvis, si liberum esset, noluissem, tamen coactus volui* (Paul) [1].

---

1. L. 21. § 5, D. *Quod metus causa*, 4, 2. — Ce texte est relatif à l'adition d'hérédité. — Voir dans le même sens, pour un mariage contracté sous l'empire de la violence, L. 22. D. *De rit. nupt.*, 23, 2.

La seule exception — et elle n'est qu'apparente — apportée par le droit civil à ces principes inflexibles les confirme absolument : il s'agit du cas où la violence a produit sur la personne contre laquelle elle était exercée un tel effet, qu'elle l'a déterminée à feindre un consentement qui n'existait point. On décidait, dans ce cas, qu'en l'absence de tout consentement, l'acte ne s'était pas formé [1].

Cette hypothèse devait se rencontrer fort rarement en pratique : l'effet de la violence est plus souvent de déterminer le consentement que d'obliger à le feindre. Comment d'ailleurs prouver que tel avait été le résultat de la violence ?

On peut donc dire, d'une façon générale, et sous la réserve de l'exception dont nous venons de parler, qu'il était à peu près impossible de se soustraire aux effets d'un acte accompli sous l'empire de la violence.

Il fallut des siècles au préteur pour réformer complètement cette législation inique. Résumons en quelques mots les progrès successifs qui furent accomplis sur ce point.

En ce qui concerne le dol, on admet constamment

---

1. Tel paraît être le sens des lois 6, § 7, D., *De acquirendâ vel omitt. hered.* 29, 2 — et 17, *proœm. qui et a quibus manumis,* 40, 9, qui prévoient des hypothèses d'adition d'hérédité. A moins de voir une contradiction entre ces textes et ceux qui sont cités à la note précédente, on est bien forcé d'admettre que le mot *coactus* désigne ici l'emploi d'une violence déterminant la volonté.

une distinction entre le cas où il provenait du cocon-
tractant et celui où il provenait d'un tiers. Dans cette
dernière hypothèse, la personne dont le consentement était vicié n'avait aucun moyen de se soustraire
à son engagement et de faire tomber sur l'autre partie, qui en avait profité, les conséquences des manœuvres frauduleuses employées à son égard. Sa seule
ressource fut, à partir de l'époque où le préteur Aquilius Gallus créa l'action *de dolo* (188. R. F.), d'obtenir du coupable la réparation pécuniaire du préjudice
causé : jusqu'à cette époque, le dol n'était puni que
s'il rentrait dans les délits ou quasi délits rigoureusement limités par le droit civil et par l'édit prétorien.

Le dol émanait-il du co-contractant, il fallait prévoir deux hypothèses. La victime était-elle le stipulant, et le dol avait-il eu pour effet de l'amener à se
contenter d'un engagement inférieur à celui qu'il était
en droit d'obtenir, l'action de dol lui compétait pour
obtenir le supplément [1]. Les manœuvres dolosives
au contraire avaient-elles été employées par le stipulant, la situation du promettant était meilleure : le
préteur mettait à sa disposition un moyen plus sûr
que l'action de dol, en lui permettant d'opposer l'exception *doli mali* [2] à la poursuite de son créancier.

1. L. 22, *De verb. oblig.*, 45, 1.
2. L'exception *doli mali* paraît antérieure à l'action de dol : elle est
dûe au préteur Cassius (L. 4, § 33 de *dol. mal. et met. except.*, 44, 4) qui

S'il ne découvrait le dol qu'après avoir exécuté son obligation, il pouvait, par la *condictio indebiti*, réclamer la réparation du préjudice.

Tout autre était la situation en ce qui concerne l'erreur. Il ne paraît pas — sauf l'hypothèse exceptionnelle où elle détruisait complètement le consentement — que l'édit prétorien s'en soit préoccupé avant les *restitutiones in integrum*. Elle ne donnait lieu, en principe, ni à une action ni à une exception[1]. Cette règle semble, au premier abord, n'avoir pas été absolument rigoureuse : on accordait une exception *doli mali* ou *in factum* à la partie qui tenait à se soustraire à l'engagement qu'elle avait pris par erreur, mais dans le seul cas où le co contractant n'avait rien donné en échange de la promesse qui lui était faite[2]. Le préteur, dans ce cas, assimilait au dol l'acte par lequel le stipulant acceptait la promesse d'une prestation qui ne lui était point due, même dans le cas où, de bonne foi, il croyait à l'existence de sa créance.

La *restitutio in integrum*, par laquelle le préteur permet à la partie dont le consentement était vicié d'obtenir la rescision de l'acte, réalisa sur les voies de droit que nous venons d'indiquer rapidement de

paraît avoir vécu au milieu du VIIᵉ siècle R. F. (Valère Maxime, lib. III. cap. VII, n° 9.)

1. L. 22, D., *De verb. oblig.*, 45, 1.
2. L. 5, § 1, D. *De act. empt.*, 19, 1.

sérieux progrès que la suite de cette étude fera connaître. Signalons, en passant, un de ses plus précieux avantages. Tandis que les actions et exceptions de dol n'étaient jamais accordées que contre la personne même qui avait employé les manœuvres frauduleuses, et que les tiers — en eussent-ils ultérieurement profités — étaient à l'abri de toute poursuite, la *restitutio in integrum* pouvait être suivie d'une action *in rem*, qui permettait à la partie lésée de suivre son bien en quelques mains qu'il se trouvât.

Il est facile de mesurer le chemin parcouru depuis l'ancien droit romain. La *restitutio in integrum* va désormais, en permettant de rescinder les actes juridiques nés d'un consentement vicié, combler la brèche que la logique implacable de la loi faisait à l'équité.

Nous n'avons à l'étudier que sous une de ses faces : au cas où le consentement a été vicié par la violence.

Les avantages de la *restitutio in integrum metûs causâ*, parfois même sa supériorité incontestable sur les divers moyens de réparer ce vice du consentement, nous permettront d'apprécier, dans le cours de cette étude, en quoi cette institution, l'une des plus intéressantes à coup sûr du droit prétorien, révéla cet esprit de progrès qui a vivifié, pendant des siècles, le droit romain.

Nous étudierons, dans un premier chapitre, le but et l'origine de la *restitutio in integrum metûs causâ.*

Un second chapitre sera consacré à la définition et à l'analyse de la *metus*.

Puis nous examinerons successivement : les personnes qui figurent dans la *restitutio metûs causâ* (chap. III) ;

Les actes qui peuvent être rescindés (chap. IV) ;

Les conditions de la *restitutio* (chap. V) ;

La procédure (chap. VI) ;

Enfin les effets de la *restitutio* (chap. VII) ;

Les textes n'abondent point sur la matière qui fait le sujet de cette étude. Les limites, dans lesquelles se mouvait cette intéressante institution, ne sont donc pas très nettement et très-rigoureusement déterminées. Il nous a paru cependant que sur bien des points le raisonnement, l'application des principes généraux, l'esprit même du droit romain en général, du droit prétorien en particulier pouvaient suppléer à l'insuffisance très-explicable des textes précis. La vérité de nos conclusions en sera certainement plus contestable. Mais lorsque le droit n'est plus la règle vivante des relations humaines, la possession de la vérité absolue importe moins que sa poursuite consciencieuse.

CHAPITRE PREMIER

BUT ET ORIGINE DE LA *RESTITUTIO IN INTEGRUM METUS CAUSA*

Nous avons signalé déjà les motifs qui devaient pousser le préteur à s'occuper tout particulièrement d'annuler les effets du consentement vicié par la violence : elle est plus dangereuse et plus difficile à éviter que l'erreur.

Nous n'oserions pas cependant affirmer que ce fut cette considération abstraite qui poussa le préteur à s'occuper d'abord de la violence. Si nous pouvons conclure de divers passages de Cicéron [1] que dès 674, c'est-à-dire dix-huit ans avant l'apparition de l'action de dol, le préteur Curius Octavius créa l'action *quod metûs causâ*, nous y voyons que cette *formula Octaviana* avait eu pour but de permettre aux victimes

---

1. Cic., *Epist. ad fratr.*, lib. I, cap. I, nº 7. — 2ᵉ act. *ad Verrem*, III. 63.

des spoliations de Scylla et de ses complices de rentrer dans leurs biens. Mais ces circonstances particulières amenèrent un progrès général: l'action *quod metûs causâ* était instituée.

L'exception *metûs* servait de complément à l'action *quod metûs causâ*, de même que l'exception *doli* à l'action *de dolo*. L'action permettait à celui qui se prétendait lésé dans la nature ou le quantum de la prestation qui lui était due d'obtenir la réparation du préjudice que lui avait causé la violence de son co-contractant ou d'un tiers: l'exception permettait au promettant d'échapper aux conséquences de son engagement [1].

L'exception fut-elle, comme en matière de dol, antérieure à l'action? A défaut de textes précis, l'analogie entre le dol et la violence nous permettrait peut-être de le décider. Le préteur accorde d'ailleurs plus volontiers l'exception que l'action. Celle-ci tend à modifier complètement une situation résultant d'une convention: l'exception, au contraire, a pour but de maintenir une situation existante : « *cui damus actiones, eidem et exceptionem competere multo magis quis dixerit* [2] ». L'exception se conçoit sans l'action correspondante, mais l'action suppose toujours une exception correspondante.

---

1. L. 9, § 3, D. *Quod metûs caus.*, 4, 2.
2. L. 156, § 1, D., *De div. reg. jur.*, 50, 17.

Quoi qu'il en soit de cette question au fond peu important, il convient de déterminer brièvement les caractères de ces deux voies de procédure : on en appréciera ainsi les inconvénients, et l'utilité que devait offrir la *restitutio in integrum* apparaîtra clairement.

L'action *quod metûs causâ* avait sur l'action de dol de caractéristiques supériorités qui s'expliquent par la nécessité plus pressante de la protection en matière de violence. L'action de dol par exemple n'était accordée qu'après un examen préalable, une *causæ cognitio* faite par le magistrat [1]. Celui-ci jouissait d'un pouvoir discrétionnaire. Si le préjudice ne lui paraissait pas assez considérable, la manœuvre frauduleuse suffisamment caractérisée, il pouvait refuser l'action [2]. Aucun pouvoir de cette nature ne lui appartient dans l'action *quod metûs causâ*.

L'action de dol en outre — à raison sans doute de son caractère infamant — était subsidiaire, c'est-à-dire qu'elle ne pouvait être exercée qu'à défaut, pour la victime du dol, de tout autre moyen civil ou prétorien d'obtenir réparation du préjudice [3] : de nombreux textes prouvent au contraire que l'action fondée sur la violence n'avait point ce caractère [4].

1. L. 1, § 1, D., *De dol. mal.* 4, 3.
2. L. 9, § 5, L. 11, *proœm.*, L. 7, § 1 D. *eod. tit.*
3. L. 1, § 7, D. *eod. tit.*
4. L. 9, § 3, 4, et 6 ; L. 21, § 6. D., *Quod met. caus.* 4, 2 ; — L. 116, D. *De reg. jur.*, 50, 17 ; — L. 4, L. 5, C., *De his quæ vi. met.* 2, 20.

Les personnes tenues de l'action de violence étaient beaucoup plus nombreuses que celles exposées à des poursuites en raison d'un dol. Les deux actions sans doute étaient *personnelles* ; mais, à la différence de l'action de dol qui n'était accordée que contre l'auteur même du dol, l'action *quod metûs causâ* pouvait être dirigée contre tous ceux qui avaient tiré profit de l'acte vicié. Disons cependant que ces diverses personnes étaient tenues, non pas jusqu'à concurrence du préjudice subi par la victime, mais seulement pour le montant de leur propre enrichissement. Il faut observer également que les sous-acquéreurs n'étaient tenus que suivant une distinction qui sera développée plus loin. L'action *quod metûs causâ* était donc loin de présenter les avantages d'une action réelle : elle n'apportait pas toujours à la partie lésée une réparation complète du préjudice. Sur ce point surtout, la *restitutio in integrum* constitua un progrès.

Comme l'action *de dolo*, l'action *quod metûs causâ* était arbitraire, c'est-à-dire que le défendeur pouvait éviter ses conséquences par le paiement de la prestation fixée par le juge. A défaut de satisfaction, une condamnation au quadruple était prononcée : l'action de dol, au contraire, n'était donnée qu'au simple, mais elle était infamante.

Il y a peu de choses à dire de l'exception *metûs*. Comme l'action *quod metûs causâ*, — et contrairement à l'action et à l'exception de dol — elle était opposable non pas seulement à l'auteur de la violence, mais à diverses personnes.

Les rapides développements qui précèdent nous montrent que la *restitutio in integrum*, par laquelle la partie lésée obtenait du préteur la rescision de la convention, était moins nécessaire en matière de violence qu'en toute autre matière, et notamment dans celles du dol et de l'erreur. L'action et l'exception fondées sur la violence atteignaient en effet les personnes innocentes de la violence elle-mêmes, qui avaient profité de son effet. De grands progrès cependant restaient à accomplir pour réaliser d'une manière complète le but poursuivi par le préteur : ce fut l'objet de la *restitutio in integrum* : elle permet notamment à celui qui, sous l'empire de la crainte, avait fait une aliénation, de revendiquer par une action réelle son bien dans quelques mains qu'il se trouvât. La différence était essentielle : il y en a bien d'autres, dont l'examen trouvera sa place dans le cours de cette étude.

De la supériorité de la *restitutio in integrum metûs causâ* sur l'*actio quod metûs causâ* et sur l'exception *metûs* on peut conclure logiquement qu'elle leur a été postérieure. D'autres raisons militent en faveur de cette opinion.

Il est d'abord certain que la *restitutio in integrum*

metûs causâ ne date pas de la première apparition des *restitutiones*. Avant la fin du sixième siècle, on trouve dans un texte bien connu de Térence [1] la preuve certaine de leur existence: or, il n'est pas douteux que la *restitutio metûs causâ*, n'a pas pu précéder d'un siècle et demi l'action *quod metûs causâ*. On a pu décider que les *restitutiones* qui apparurent en premier lieu étaient celles qui protégeaient le mineur de vingt-cinq ans et l'absent : c'est cette dernière que visent les vers de Térence : pour la première, le préteur ne faisait que suivre la voie déjà tracée par le droit civil lui-même.

Il est bien difficile, pour ne pas dire impossible, d'assigner une date, même approximative, à la création des autres *restitutiones*. Aussi, le champ de la discussion est-il resté libre. Plusieurs systèmes se sont produits sur la question de savoir si la *restitutio in integrum metûs causâ* a précédé ou suivi l'action *quod metûs causâ*.

Elle est antérieure, ont dit les uns, postérieure, ont répondu les autres : contemporaine, ont soutenu les troisièmes.

---

1. Le poète parle de la *restitutio in integrum* contre un mariage par suite d'absence.

                ..... Quod te absente hic filius
        Egit, restitui in integrum, æquum et bonum est,
        Et id impetrabis.

                        (*Phormio*, act. II, Sc. IV, v. 10 et s.)

Examinons les raisons invoquées à l'appui de chacune de ces trois opinions.

1° La *restitutio in integrum metûs causâ* est antérieure à l'action *quod metûs causâ*...

Les tenants de cette opinion se basent d'abord sur l'ordre matériel suivi par Justinien et sur cette circonstance que le titre *quod metûs causâ* qui déjà, au Digeste[1] figure au milieu des divers titres relatifs aux *restitutiones*, occupe au Code[2] la même place.....

Pour que cet argument fût probant, il faudrait établir — et ce serait difficile — que Justinien s'est préoccupé, dans sa compilation, de suivre l'ordre chronologique : or, c'est à peine s'il essaye de se conformer à l'ordre logique dans la distribution des matières. On peut, d'ailleurs, remarquer que le titre *de dolo malo* se trouve, aussi bien au Digeste qu'au Code, placé immédiatement après les textes relatifs à la *metus* : en conclurons-nous cependant que la *restitutio in integrum ob dolum* est antérieure à l'action *de dolo*? Assurément non : il est certain en effet que l'action *de dolo* apparut avant la *restitutio ob dôlum* : cela résulte notamment du passage de son traité *de Officiis* où Cicéron indique dans quelles circonstances *Aquilius Gallus* inventa l'action de dol[3] ; il y est formellement af-

1. D. 4, 2.
2. C. 2, 20.
3. Cicéron, *De officiis*, 3, 14.

firmé qu'à part l'exception *doli mali* — qui, dans l'espèce, ne pouvait être appliquée — une personne trompée par les manœuvres de son co contractant n'avait aucun moyen d'en obtenir réparation.

On a voulu tirer un argument en faveur de l'antériorité de la *restitutio in integrum*, d'une prétendue infériorité de celle-ci sur l'action *quod metûs causâ*. Le juge, dit-on, était obligé d'accorder l'action dans tous les cas : toute *restitutio*, au contraire, suppose une *causæ cognitio*. Fût-ce là une réelle infériorité, l'argument n'est pas topique. L'action de dol, en effet, suppose également une *causæ cognitio* : et nous avons démontré qu'elle était postérieure à l'action de violence. En dépit d'ailleurs de cette très contestable infériorité, la *restitutio* présente sur l'action de sérieux avantages, celui par exemple de fournir contre les tiers une protection beaucoup plus efficace.

Nous ne saurions donc nous ranger à cette première opinion.

Nous n'adopterons pas davantage la seconde qui soutient que « *la restitutio metûs causâ* est contemporaine de l'action *quod metûs causâ*.

L'une et l'autre de ces voies juridiques, a-t-on dit, est, selon les circonstances, préférable ou inférieure. Leur champ d'application est exactement le même : toutes deux elles tendent à la rescision d'un acte juridique, au rétablissement des parties dans la situation antérieure à celle créée par la convention : elles ont dû être créées en même temps.

Nous ne saisissons pas bien la portée de cet argument : l'idendité du champ d'application n'entraîne pas logiquement l'idée de création simultanée. La réparation du préjudice causé par la violence a lieu d'ailleurs d'une manière différente dans l'action et dans la *restitutio*. Leurs avantages respectifs prouvent uniquement que celle des deux qui fut créée la dernière, tout en ayant pour objet de combler les lacunes de la première, ne la rendit pas cependant inutile.

On aurait pu faire d'ailleurs le même raisonnement en matière de dol : or, il n'est pas douteux que l'action *de dolo* n'ait précédé la *restitutio*.

Nous croyons donc devoir nous ranger au troisième système qui affirme que l'action *quod metûs causâ* est antérieure *à la restitutio in integrum*. L'analogie entre le dol et la violence, qui nous a fourni déjà plusieurs arguments, nous paraît décisive : si, pour le premier, l'action précéda la *restitutio*, on peut présumer qu'il en a été de même pour la seconde. Remarquons d'ailleurs que, dans toutes les hypothèses, si la *restitutio* se cumule avec un autre moyen de droit, elle apparaît toujours la dernière : c'est ainsi que pour le mineur de vingt-cinq ans, la loi *Plœtoria* est certainement antérieure à la *restitutio in integrum* : de même,

il est bien probable que les actions fictices furent
données en cas de *minima capitis deminutio* avant la
création d'une *restitutio.*

Logiquement enfin, la *restitutio* devait suivre l'action. C'est peu à peu, par gradations très atténuées,
que le préteur corrige les excès du vieux droit civil.
Son respect extérieur pour les institutions suran-
nées lui fait un devoir de choisir d'abord le moyen le
plus commode pour concilier la réserve apparente sur
le principe avec sa violation cachée. C'est ainsi que
presque toujours l'exception, qui respecte davantage
la convention, apparaît avant l'action. C'est ainsi que
les *restitutiones*, dont l'effet était de rescinder les con-
ventions, devaient apparaître après les actions qui,
sans toucher à leur existence, se bornaient à réparer le préjudice.

CHAPITRE II

DÉFINITION ET ANALYSE DE LA *METUS*

La *restitutio in integrum* est accordée *metûs causâ*
Il importe donc, avant toute autre étude, de savoir
bien exactement ce qu'est la *metus*.

Pris dans son sens littéral, *metus* signifie *crainte*.

Peut-on en conclure cependant que la crainte —
quelle que soit sa cause — donne droit à la *restitutio ?*

Une telle interprétation serait inexacte ; il faut donc
resserrer et préciser le sens du mot *metus*.

Metus doit être entendu dans le sens de crainte
causée par la violence : c'est donc, caractérisée par
son effet, la violence de notre droit français.

Dans l'édit prétorien le mot *vis* précisait à l'origine
le sens du mot *metus*, soit dans l'action, soit dans
l'exception, soit dans la restitution. « *Quod vi metûsvc*
» *causâ gestum erit, ratum non habebo.* » Ulpien[1] nous

1. L. I, D., *Quod metûs causâ*, 4, 2.

explique que si le mot *vi* a disparu ultérieurement,
c'est qu'on aurait pu en conclure que la violence suffisait pour donner droit à l'action et à la restitution,
même dans le cas où elle n'aurait pas réussi à produire
la crainte. Concluons-en que la violence n'est une
cause de rescision que si elle a produit une crainte,
c'est-à-dire si elle a déterminé un consentement, qui,
sans elle, n'aurait pas été donné. Rappelons, d'ailleurs,
que si la violence allait jusqu'à obliger la victime à
feindre un consentement qui n'existait point, les
moyens prétoriens étaient inutiles : le droit civil lui-
même décidait que le contrat ne s'était pas formé.

Il faut donc retenir de cette définition que la *metus*
est une crainte inspirée par une violence émanant
d'une personne autre que la victime. Ce qui exclut à
la fois et la crainte résultant de la situation d'esprit
ou des réflexions personnelles de celui qui contracte,
et la crainte qui n'a d'autre cause qu'un événement
extérieur, par exemple un naufrage ou un incendie.

Peu importe, d'ailleurs, que l'événement redouté
puisse être prochain ou très éloigné : il suffit, pour
qu'il y ait lieu à *restitutio*, que la crainte soit produite
au moment du contrat et détermine le consentement[1].

Deux conditions sont nécessaires pour que la violence — telle que nous l'avons définie — donne ou-

1. L. I, D., *Quod metûs causâ*, 4, 2.

verture à l'action, à l'exception ou à la restitution. Il faut :

1° Que la violence ne puisse être excusée par les mœurs ;

2° Qu'elle soit de nature à faire impression, non pas seulement sur la personne qu'elle atteint, mais sur l'homme le plus maître de lui-même. S'il nous était permis d'emprunter un rapprochement à une matière bien différente nous dirions que la *metus* s'apprécie *in abstracto* et non *in concreto*.

La première de ces conditions se justifie d'elle-même et l'exemple qu'en donnent les textes[1] en démontre la nécessité. Qu'un magistrat, en effet, dans l'exercice de ses fonctions, menace un plaideur de toutes les rigueurs de la loi, s'il n'exécute pas une condamnation, il ne fait ici qu'user de son droit le plus évident. Si son intervention inspire au plaideur une crainte salutaire, il n'y a pas cependant *metus* au sens de l'édit — *metus adversus bonos mores* — puisque la violence, tout en déterminant la volonté, a eu un but légitime. A cette espèce, on pourrait assimiler celle d'un créancier menaçant un débiteur de la vente judiciaire de tous ses biens pour obtenir le paiement de sa créance.

La seconde condition — celle que nous qualifions plus haut d'appréciation de la *metus in abstracto*, —

---

1. L. 3, § 1, D., *Quod metus causâ*, 4, 2.

ne présentait pas, dans la *restitutio in integrum*, le même caractère de nécessité. Que, dans l'action ou l'exception, le magistrat considérât comme *metus non justus* toute crainte qui ne résultait pas de faits particulièrement graves, l'absence de *causæ cognitio* l'explique parfaitement. Le magistrat n'avait aucun droit d'appréciation, et sans cette restriction il eut été obligé d'accorder l'action pour la crainte la moins importante. C'eut été d'autant plus fâcheux que des tiers, innocents de la violence, étaient tenus de cette action et de cette exception.

Cette considération d'équité n'a point la même force en ce qui concerne la *restitutio in integrum*. La nécessité de la *causæ cognitio* permettait au magistrat, à défaut d'une limitation légale de la *metus*, de refuser la *restitutio*, lorsque la crainte ne lui paraissait pas suffisante pour justifier la rescision du contrat.

Aucun texte toutefois ne permet de faire une distinction entre la *metus* de la *restitutio* et la *metus* de l'action et de l'exception. Le principe est indiqué partout en termes généraux.

Quels sont les événements dont la crainte, causée par la violence, donne naissance à la *restitutio in integrum*?

Les premiers et les plus importants, peut-être même les seuls au début, sont la mort et les souffrances physiques (*mors vel cruciatus corporis*) [1].

Paul, dans trois textes, — le premier sous une forme dubitative, les deux autres très affirmatifs. — y ajoute la servitude [2].

Mentionnons encore les chaînes [3], l'accusation capitale [4].

La lecture attentive de ces textes nous permet de penser que ces faits n'y sont pas indiqués d'une façon limitative, mais il est probable qu'on n'en admettait pas beaucoup d'autres.

Etait-il nécessaire que la victime de la violence éprouvât la crainte pour elle-même? Paul nous apprend que la crainte d'un événement fâcheux pour ses enfants donne lieu à l'application de l'édit. « *Quum pro affectu parentes magis in liberis teneantur* [5] ». Y a-t-il là une exception toute spéciale fondée sur le caractère particulier de l'affection que les parents ressentent pour leurs enfants? Est-ce, au contraire, l'application d'une règle plus générale permettant d'invoquer les dispositions de l'édit, toutes les fois qu'on éprouverait la crainte d'un événement fâcheux

1. L. 3, § 1, L. 7, § 1, L. 8, § 2, D., *Quod met. caus.*, 4, 2 ; — L. 13, C. *De trans.* 2, 4 ; — L. 4, L. 7, C., *De his quæ vi*, 2, 20 ; — L. 9, C. De *contr. et comm. stipul.*, 8, 38.

2. L. 4, L. 8, § 1. L. 21, proœm., D. *Quod met. caus.*, 4, 2.

3. L. 7, § 1, D., *eod. tit.*

4. L 7, C., *De his quæ vi*, 2, 20.

5. L. 8, § 3, D., *Quod met. caus.*, 4, 2.

pour une personne chère? C'est ce que les termes
du texte cité ne permettent pas d'affirmer, et ce
qu'aucun autre texte ne nous apprend. Nous nous
garderons bien de risquer une hypothèse.

CHAPITRE III

DES PERSONNES QUI FIGURENT DANS LA *RESTITUTIO*

La *restitutio metûs causâ*, étant un moyen d'obtenir en justice la réparation d'un préjudice, comprenait un demandeur qui sollicitait la réparation, et un défendeur contre qui elle était réclamée.

SECTION PREMIÈRE

Demandeur.

La seule personne qui ait le droit de demander la *restitutio* est évidemment celle dont le préteur a voulu sauvegarder les intérêts, c'est-à-dire celle qui a accompli un acte, sous l'influence de la violence.

Il est toutefois incontestable que ce bénéfice n'est pas attaché à la personne et peut être valablement exercé par tous ceux qui en obtiennent ou qui en tiennent le droit de la victime elle-même.

C'est ainsi que la partie lésée peut constituer un mandataire : mais il est bon de faire observer avec un texte[1] qu'un mandataire général (*de universis negotiis gerendis*) ne puise pas, dans les termes larges de son mandat la faculté d'agir par la voie de la *restitutio*, et qu'un mandat spécial est nécessaire.

De même le droit à la *restitutio* peut être cédé aussi bien qu'une créance quelconque[2] par le même procédé détourné de la *procuratio in rem suam*.

Ce droit enfin se transmet aux héritiers, comme toutes les actions qui composent le patrimoine. Il faut même dire, d'une manière générale, que tous les successeurs universels de la personne lésée ont droit à la *restitutio* : il en est ainsi, par exemple, de la personne qui obtient l'hérédité à titre de fidéicommis, et de celle qui recueille le pécule du fils de famille[3].

Les règles sur la capacité nécessaire pour intenter une action en justice sont pleinement applicables à la *restitutio in integrum*: c'est ainsi que l'impubère ne peut pas former une demande en *restitutio* sans *l'auctoritas* de son tuteur, un fils de famille — sauf pour les pécules *castrense* et *quasi castrense*[4] — sans l'assentiment du *paterfamilias* ; mais Justinien nous

---

1. L. 25, § 1, D., *De minor.* 25 *annis*, 4, 4.
2. L. 24, *proœm.* D., *eod. tit.*
3. L. 6, D., *De in integr. res.*, 4. 1 ; — L. 8, § 9, L. 18, § 9, D., *De minor.* 25 *ann.*, 4, 4.
4. L. 27, *proœm.* D. *de minor.* 25 *ann.*, 4 4.

apprend que cette doctrine s'adoucit peu à peu et qu'on arriva à permettre au *filiusfamilias* de demander la *restitutio* avec l'assistance d'un curateur donné *ad litem* [1].

La victime de la violence et ses ayant-droit peuvent donc, sous les conditions ordinaires de capacité, jouer le rôle de demandeur, dans la *restitutio in integrum metûs causâ*. Ce droit s'étend-il à tous ceux qui se sont engagés avec elle, par exemple à ses débiteurs corréaux ou solidaires et à ses fidéjusseurs? La question est délicate.

Nous croyons devoir — mais sans apporter dans notre affirmation plus de certitude qu'il ne convient — la résoudre par l'affirmative.

Nous tirons argument, à l'appui de cette doctrine, de la règle applicable à l'exception *metûs*. Cette exception rentrait dans la catégorie des *exceptiones rei cohærentes*. On sait quelle était la distinction entre les exceptions *personæ* et les exceptions *rei cohærentes*. Les premières ne pouvaient être opposées que par l'intéressé en faveur duquel elles avaient été introduites, ses coobligés ne pouvaient pas s'en prévaloir. « *Exceptiones quæ personæ cujusque cohærent » non transeunt ad alios* [2] ». — Au contraire, l'exception *rei cohærens*, née du chef du débiteur principal

1. § 2. Inst., *De curat*, 1, 23.
2. L. 7, *proœm.* D. *de except.*, 44, 1.

pouvait être opposée par les fidéjusseurs [1] : il en
était de même des débiteurs solidaires ou corréaux,
au moins s'il y avait société [2].

Or l'exception *metûs* est certainement *rei cohœrens* [3],
quoique elle ait été introduite par une faveur accordée
spécialement à la personne soumise à la violence.
Pouquoi n'en serait-il pas de même, au point de vue
qui nous occupe, de la *restitutio in integrum metûs
causâ?* On comprend que la règle soit .toute autre
pour la *restitutio* accordée au mineur de vingt-cinq
ans : ses cautions et ses coobligés ne pouvaient guère
ignorer sa situation [4]. Mais il est souvent bien difficile
aux coobligés de connaître la violence sous l'empire
de laquelle la personne lésée a contracté.

SECTION II

Détendeur.

Contre qui peut être demandée la *restitutio metûs
causâ?*

Les textes ne sont pas catégoriques sur ce point :
mais comme les autres *restitutiones* ont le même

1. L. 7, § 1, D *eod. tit;* — I. 9, § 3. D. *de sen. maced.* 14, 6. L. 32. D.
de fidei, 46, 1.
2. L. 23, L. 25, *prœm.* D. *de pact.,* 2, 14.
3. L. 9, § 1, D. *de cæcept.,* 44, 1.
4. L. 95, § 3, D. *de solut ,* 46, 3.

champ d'application que les actions auxquelles elles correspondent, nous devons penser qu'il en est de même pour la *restitutio metûs causâ* : c'est donc en passant en revue d'une manière sommaire les personnes tenues de l'*action quod metûs causâ* que nous allons répondre à la question que nous venons de poser.

Or, sur ce point, l'action *quod metûs causâ* présente un caractère fort original. Le droit commun aurait exigé avec d'autant plus de raison qu'on ne pût poursuivre que l'auteur même de la violence, que cette action, étant mixte, était mélangée de pénalité. L'analogie si frappante entre le dol et la violence aurait dû conduire à la même solution : car l'action de dol n'était jamais accordée que contre l'auteur des manœuvres frauduleuses et les tiers qui, sans y avoir participé, en avaient profité, étaient complètement à l'abri.

L'action *quod metûs causâ* au contraire — et par suite la *restitutio metûs causâ* — peuvent être dirigées, non seulement contre l'auteur de la violence, mais aussi contre tous ceux qui, directement ou indirectement, ont profité de l'acte accompli sous l'empire de la *metus* [1]. « *Non quæritur utrum is qui convenitur an* » *alius metum fecit : sufficit enim hoc docere, metum* » *sibi illatum, vel vim : et ex hac re eum qui convenitur,* » *et caret si crimine lucrum tamen sensisse.* »

1. L. 14, § 3, D., *Quod met. caus.*, 4, 2.

Quel est le motif d'une pareille extension? Peut-être a-t-elle son origine dans l'édit du préteur qui s'occupait de protéger la victime de la violence, sans paraître s'inquiéter du point de savoir si elle provenait de celui contre lequel était intentée l'action *quod metûs causâ* ou de toute autre personne. Le préteur a-t-il voulu cependant accorder une protection aussi large? Il est permis d'en douter. Disons cependant qu'il semble certain que dès le début, l'action *quod metûs causâ* était *scripta in rem*, c'est-à-dire que dans l'*intentio* l'auteur de la violence n'était point désigné[1] : l'action pouvait, en conséquence, être dirigée contre les tiers qui n'avaient fait que profiter de l'acte incriminé.

Ce n'est pas assurément que cette opinion n'ait pas été controversée : plusieurs textes nous montrent, d'une manière très indirecte, il est vrai, que quelques jurisconsultes, longtemps après l'introduction des moyens prétoriens destinés à protéger contre la violence, discutaient sur la portée de ces moyens et cherchaient à les restreindre à l'auteur même de la violence. Ulpien[2] cite l'opinion de Julien qui, dans le cas d'une acceptilation faite à un fidéjusseur qui avait usé de violence, soutenait que le débiteur principal ne pouvait être atteint par l'action *quod metûs causâ*[3],

---

1. L. 9, § 8, D., *Quod metus causa*, 4, 2.
2. L. 7, § 1 et 8, D., *eod. tit.*
3. Le texte parle de *restitutio*, il est probable qu'il a en vue la *resti-*

et qu'une *restitutio in integrum* spéciale devait être dirigée contre lui. Ulpien adopte l'opinion contraire de Marcellus, mais il ne le fait que sous une forme un peu hésitante : *verius est...*

Quoi qu'il en fût, il fallait essayer de trouver un fondement rationnel à la règle que nous avons posée plus haut et qui finit par ne plus faire doute. Ulpien l'exprime de la manière suivante [1] : « *Metus habet in se ignorantiam.* » Quel est le sens de cette formule célèbre ? Le jurisconsulte a-t-il voulu dire que la violence produisait l'erreur ? Une pareille idée n'expliquerait rien, car le dol ne donne également lieu à une action qu'en raison de l'erreur qu'il engendre. On a soutenu que le sens de la phrase d'Ulpien était qu'en fait l'auteur de la violence agit en général de façon à n'être point connu, que, par conséquent, les chances de réparation seraient bien rares, si seul il était tenu. A supposer que telle ait été la pensée du jurisconsulte, il serait facile d'en discuter l'exactitude. Mais cette interprétation est, croyons-nous, erronée. Elle conduirait, d'ailleurs, à cette solution, contredite par tous les textes, que l'auteur de la violence devrait être seul tenu, lorsqu'on serait parvenu à le connaître. Faut-il prétendre, avec d'autres interprètes, qu'Ulpien

---

tutio in integrum, quoique cette expression soit fréquemment employée pour désigner l'action *quod metus causâ.* La question importe peu, puisque les principes sont les mêmes.

1. L. 14, § 3, D., *Quod metus causâ,* 4, 2.

a voulu dire que la victime d'une violence perd complètement son libre arbitre, tandis que la personne soumise à des manœuvres frauduleuses peut se reprocher une certaine imprudence. Mais ce serait inexact, si l'auteur des manœuvres frauduleuses avait agi sans le concours de sa victime. Le créancier qui se voit enlever par dol les titres constatant ses droits n'aura de recours que contre l'auteur du dol, même s'il n'a eu aucun moyen de s'y soustraire. C'eût été cependant le cas de dire : « *Dolus in se habet ignorantiam.* »

Il faut donc renoncer à expliquer par ce texte d'Ulpien une dérogation au droit commun qu'ont dû imposer au préteur des considérations d'utilité et d'équité.

L'assimilation entre l'auteur de la violence et ceux qui en ont simplement profité est loin, d'ailleurs, d'être complète. Si tous peuvent être attaqués, ils ne le sont pas de la même manière. Tandis que l'auteur de la violence est tenu de la réparation de l'entier préjudice par lui causé, celui qui n'a fait qu'en profiter n'est tenu qu'à concurrence de son enrichissement. On verra plus loin l'intérêt de cette distinction. Occupons-nous d'abord de l'appuyer sur de sérieux arguments.

Il est inutile de définir ce qu'il faut entendre par l'auteur de la violence.

Mais il était essentiel de limiter aussi soigneuse-
ment que possible les personnes tenues, à raison de la
violence qu'elles n'avaient point commise, mais dont
elles avaient profité. On aurait pu, au cas contraire,
poursuivre des personnes n'en ayant tiré qu'un bénéfice insignifiant et très-éloigné.

On peut, croyons-nous, poser le principe général
que seuls tombent sous le coup des moyens prétoriens
ceux qui ont *directement* profité de l'acte passé sous
l'empire de la violence. Ce sont notamment ceux avec
qui la convention a été faite, eussent-ils ignoré la violence : la seule preuve qu'ait à fournir contre eux le
demandeur, c'est qu'il était, au moment où sa volonté
s'est manifestée, sous l'empire de la violence. « *A d*
» *hoc tantum actor adstringitur, ut doceat metum in*
» *causa fuisse.* » Sont tenus notamment, le débiteur
auquel on a fait acceptilation, l'acquéreur ou toute
personne qui a obtenu une promesse [1].

Mais si la violence est connue d'eux, n'en fussent-
ils pas complices, ils sont considérés comme auteurs [2].

De même, sont considérés comme ayant tiré profit direct de l'acte incriminé, ceux qui, sans y participer, acquièrent un droit ou sont libérés d'une
obligation par cet acte seul, sans qu'aucun nouvel
agissement de leur part soit nécessaire. Ainsi l'accep-

1. L. 14, § 8, D., *Quod metûs causâ*, 4, 2.
2. L. 5, C., *De his quæ vi*, 2, 2 .

tilation consentie sous l'empire d'une violence, au profit du fidéjusseur — acceptilation qui, comme on le sait, profite au débiteur principal [1] —, donne lieu à la délivrance de l'action ou de la restitution contre ce dernier [2]. La réciproque est aussi exacte [3]. On se souvient cependant que, d'après la doctrine de Julien, ceux qui ne faisaient que profiter de l'acceptilation étaient définitivement libérés. Rien ne s'opposait sans doute à ce que, la *restitutio* accordée, le préteur ne la fît suivre, comme nous le verrons plus tard, de l'exercice de l'action primitive qu'il aurait fait renaître: mais ce n'était pas là l'effet normal de la *restitutio*, ni la conséquence possible de l'action *quod metûs causâ*.

Par extension, certaines personnes qui ne profitaient de la violence que grâce à un acte nouveau pouvaient être cependant attaquées par l'action ou la *restitutio* : mais ici, nous ne trouvons pas de principe bien arrêté ; et nous devons nous borner à constater des décisions d'espèces.

Le substitué, par exemple, qui, à la suite d'une répudiation faite sous l'empire de la violence, fait adition d'hérédité, peut voir rescinder cette adition.

Que décider à l'égard des sous-acquéreurs d'un bien aliéné *metu* ?

1. L. 13, § 7, D., *De acceptil.*, 46, 4.
2. L. 9, § 8, D., *Quod metûs causâ*, 4, 2
3. L 10, *proœm*. D., *eod tit.*

Si le sous-acquéreur a acquis le bien de l'auteur même de la violence, il n'y a pas lieu de distinguer s'il est de bonne ou de mauvaise foi, s'il a acquis à titre gratuit ou à titre onéreux : il est tenu dans tous les cas [1].

S'il a acquis, au contraire, d'une personne qui n'a fait que profiter de la violence, on doit peut-être décider que, s'il est de bonne foi, il est à l'abri de la *restitutio*. Cette opinion semble résulter d'un texte [2] qui, dans cette hypothèse, décide qu'une *actio in rem* pourra, à la suite de la *restitutio* dirigée contre le premier acquéreur, être donnée contre le sous-acquéreur : remarquons toutefois que ce texte n'exclut pas, au moins par ses termes, l'action ou la *restitutio* dirigées contre le sous-acquéreur directement. Il n'existe, d'ailleurs, aucune différence rationnelle entre cette hypothèse et la précédente. Aussi n'énonçons-nous cette doctrine qu'en hésitant et sous les plus formelles réserves.

Quant aux sous-acquéreurs de mauvaise foi, c'est-à-dire, qui ont traité, sans ignorer la violence, nous avons vu qu'ils sont considérés, non pas comme ayant profité de la violence d'autrui, mais comme en étant les complices : ils sont, par suite, obligés à la réparation intégrale du dommage causé. Malgré le silence

---

1. L. 14, § 5, D., *Quod metûs causâ*, 4, 2.
2. L. 3, C., *De his quæ vi.*, 2, 20.

des textes cités plus haut sur cette hypothèse, cette
solution nous paraît exacte.

Il se produira alors un phénomène juridique assez
curieux. Le premier acquéreur, n'étant point l'auteur
de la violence et n'ayant fait qu'en profiter, n'est
tenu qu'à concurrence de son bénéfice. Le sous-
acquéreur de mauvaise foi, qui n'est, en somme, que
son ayant-droit, étant considéré comme le complice
de la violence, sera tenu de la réparation intégrale du
préjudice : il sera donc tenu plus rigoureusement que
son auteur. Cette conséquence logique, mais bien
singulière, de l'assimilation faite entre l'auteur de la
violence et celui qui, la connaissant, en a profité, fait
échec à des principes juridiques tout aussi certains.
Aucun texte ne résolvant la difficulté, nous croyons
devoir nous borner à la signaler.

Les développements qui précèdent montrent l'a-
vantage que pouvait avoir l'institution d'une action
réelle, par laquelle le demandeur aurait pu poursuivre en toutes mains l'immeuble qu'il avait aliéné
metu. Il y aurait gagné de pouvoir ressaisir l'immeuble lui-même ou au moins sa valeur, au lieu de se
contenter du profit retiré par le possesseur actuel : il
aurait pu, en outre, agir contre un certain nombre de
personnes qui n'étaient pas tenues directement, à
raison de la violence. C'est ce qui explique l'utilité de
l'action *in rem* donnée par le préteur, à la suite de la

restitutio : or, comme cette action ne peut suivre ni
l'action ni l'exception *quod metûs causâ*, c'est là,
pour la *restitutio*, une supériorité que nous signalons
en passant et sur laquelle nous aurons à revenir dans
le cours de cette étude.

A un autre point de vue, cependant, la *restitutio* est
peut-être inférieure à l'action et à l'exception. Justinien décide, en effet, que la *restitutio* ne peut être
demandée ni par un affranchi contre son patron, ni
par un descendant contre son ascendant [1]. A l'en
croire, cette solution aurait été antérieurement controversée entre divers jurisconsultes. Aucun texte,
— du moins, à notre connaissance — ne porte trace
de cette controverse. Nous trouvons, au contraire, au
Digeste, une loi [2] qui décide que la *restitutio in integrum* est accordée même contre ceux qui ne sont
pas passibles de l'action de dol, sauf les dérogations
qui pourraient exister dans des lois spéciales. Or, il
ne paraît pas y avoir de loi de ce genre sur la *restitutio*. Quel motif, d'ailleurs, de refuser la *restitutio*
contre le patron ou l'ascendant? Cette procédure n'a
rien d'infamant, ni de particulièrement fâcheux pour
le défendeur. Justinien ne justifie sa prohibition que
par les devoirs de la nature et le respect dû au patron, « *pondere naturali vel patronali reverentiâ* ». Ce

1. L. 2, C., *Qui et adv. quos in integ. restit.*, 2, 42.
2. L. 27, § 4, D., *De min. 25 ann.*, 4, 4.

sont de bien grands mots et de bien belles idées !

Quelques interprètes ont cru pouvoir restreindre la portée de la décision de Justinien à la *restitutio in integrum* fondée sur la minorité de vingt-cinq ans. Les termes de la constitution rendent, à première vue, ce système assez plausible. Mais les considérations générales par lesquelles elle débute, et les motifs de décision qu'elle expose s'appliquent également à toutes les *restitutiones*. Ajoutons que le titre dans lequel est placé ce texte (*qui et adversus quos in integrum restitui non possunt*) n'est nullement spécial à la *restitutio* fondée sur la minorité.

Il semble donc qu'au moins à partir de Justinien la *restitutio* fut impossible, dans les cas indiqués plus haut. Le descendant et l'affranchi ne pouvaient, en cas de violence, recourir qu'à l'action *quod metûs causâ* et, à l'exception, *metûs*. Sans doute, le préteur ne permettait pas d'intenter contre le patron ou l'ascendant une action, ou de leur opposer une exception où figurassent les mots *vis metus*[1] : mais une légère modification de la formule suffisait à sauvegarder ces apparences hypocrites qui dissimulaient les monstruosités de la famille et du patronat romains.

1. L. 5, § 1, L. 6, L. 7, *Procem.* et § 2. D., *De obseq.*, 37, 15.
2. L. 4, § 16, D., *De dol. mal. et met. except.*, 44, 4.

CHAPITRE IV

DES ACTES QUI PEUVENT ÊTRE RESCINDÉS

Nous avons à signaler ici d'importantes différences entre la *restitutio* et l'action ou exception *quod metûs causâ*.

Deux sortes d'actes, accomplis sous l'empire de la violence, devaient préoccuper le législateur: les actes juridiques et les actes matériels.

Contre ces deux sortes d'actes l'action et l'exception *metûs* étaient données : on pouvait, par exemple, attaquer aussi bien le fait d'avoir démoli un mur que celui d'avoir arraché une promesse à autrui.

Cette doctrine a été contestée : on a prétendu que cette règle, qui a été toujours admise, en matière de dol[1], ne date pas d'une époque très ancienne et que pendant fort longtemps les actes juridiques seuls avaient donné lieu à l'action et à l'exception de violence.

1. L . 18, § 1, D., *De dol. mal.*, 4, 3.

On s'appuie surtout dans ce sens sur un texte [1]
dans lequel Ulpien cite sans la réfuter, et par conséquent en se l'appropriant, une opinion de Pomponius
sur l'affranchissement d'un esclave ou la démolition
d'une maison, que le jurisconsulte considère comme
devant donner naissance aux moyens prétoriens. La
forme hésitante qu'emploie Ulpien : « *Pomponius ait
quosdam bene putare....* » a fait croire que l'opinion
primitive était contraire [2].

Cette induction nous paraît bien hasardée : de ce
qu'Ulpien indique un doute, on peut conclure que l'o-
pinion contraire comptait des partisans, on peut supposer qu'ils étaient fort nombreux : mais décider que
leur doctrine était incontestée, c'est abuser singulièrement de la portée des mots.

Des deux actes cités par le jurisconsulte, d'ailleurs,
l'un, l'affranchissement de l'esclave, est certainement
un acte juridique. On en convient : mais comme l'affranchissement est un acte juridique qui ne peut pas
être rescindé, on en conclut — élargissant encore
cette doctrine — que l'action et l'exception *metûs* ne
pouvaient s'appliquer, à l'origine, ni aux actes matériels ni aux actes juridiques non sujets à rescision. Et
comme ce sont là précisément — nous allons le voir
— les actes soustraits à la *restitutio in integrum*, on en

1. L. 9, § 2, *Quod metûs causâ*, 4, 2.
2. Voy. en ce sens Accarias, L. II, n° 845.

tire cette nouvelle conclusion : que l'action *metûs causâ*, ayant le même champ d'application restreint que la *restitutio in integrum metûs causâ*, avait dû être créée en même temps.

Nous avons vu déjà ce qu'il fallait penser de cette opinion : nous avons cru pouvoir affirmer — avec toute la réserve que comporte la haute autorité des interprètes dont nous combattions l'opinion — que la *restitutio in integrum metûs causâ* était postérieure à l'action *quod metûs causâ*.

Rien n'expliquerait, d'ailleurs, que le préteur ait soustrait à l'action *quod metûs causâ* les actes non rescindables. Comme toutes les actions personnelles, elle tend au paiement d'une somme d'argent, c'est-à-dire, pour parler notre langue juridique, à la réparation du préjudice par des dommages-intérêts. Qu'importe alors que l'acte soit ou non rescindable ? Sa rescision n'est pas en cause.

L'action, il est vrai, était arbitraire, c'est-à-dire qu'on pouvait y échapper en rendant l'objet dont le magistrat ordonnait la restitution : il peut donc paraître surprenant de voir un défendeur condamné au quadruple pour n'avoir pas fait une restitution impossible. L'objection est sérieuse, elle n'est pas topique : l'action de dol, qui était arbitraire, entraînait des conséquences bien plus fâcheuses encore, puisqu'elle était aussi infamante. Or, en matière de dol, la distinction entre l'acte rescindable et non rescindable n'était certainement pas admissible.

L'opinion que nous combattons se fonde encore sur les termes du passage de l'édit consacré au dol et à la violence. Le préteur réprime d'une part « *quæ dolo* » *malo* FACTA *esse dicuntur* [1] », de l'autre « *quod metûs* » *causâ* GESTUM *erit* [2] ». Or, on croit trouver dans la rubrique de certains titres de la compilation de Justinien (*quod cum eo qui in alienâ potestate est negotium gestum esse dicitur* [3]) par exemple la preuve que le mot *facere* désigne tous les actes en général et le mot *gerere* seulement les actes juridiques. Cette induction est un peu forcée : le mot *gerere* a souvent un sens aussi large que le mot *facere* : *negotium gerere* par exemple s'entend aussi bien du cas où la gestion d'affaires consiste en un acte matériel que de celui où elle se manifeste par un acte juridique.

Nous pourrions à notre tour invoquer un argument de mots et faire remarquer que, dans le texte en question, Ulpien emploie le mot « *restitutionem* » qui désigne non l'action *quod metûs causâ*, mais la *restitutio metûs causâ*. Mais il faut reconnaître que ce mot a souvent, dans les textes, un sens assez vague. Nous allons voir d'ailleurs que la *restitutio* ne peut

1. L. 1, § 1, D., *De dol. mal.*, 4, 3.
2. L. 1, D., *Quod metûs causâ*, 4, 2.
3. Inst., 4, 7 ; — *Digeste*, 14, 5 ; — Cod. 4, 26.

pas s'appliquer aux hypothèses prévues par Ulpien.

Nous venons de démontrer que l'action *quod metûs causâ* et l'exception *metûs* s'appliquent indifféremment aux actes juridiques et matériels. Il en est autrement, il devait nécessairement en être autrement de la *restitutio*. C'est ici qu'il importe de distinguer entre l'acte rescindable et celui qui ne l'est pas, puisque la procédure organisée par le préteur a pour but de rescinder un acte vicié.

Or, il est des actes qui sont essentiellement irrévocables et qu'aucune puissance, sauf celle du prince, bien entendu, ne peut rescinder. Seul, l'empereur [1] peut rescinder un acte d'affranchissement qui n'est pas, dès l'origine, radicalement nul : et ce n'est pas par la *restitutio in integrum*, puisqu'il n'a pas plus à observer les formes de procédure que les règles du droit civil, mais par le seul effet de sa toute-puissance. L'irrévocabilité de l'affranchissement était si essentielle que l'action paulienne elle-même ne compétait pas au créancier frustré par un affranchissement consenti à son préjudice : il fallut, pour le protéger, que la loi Ælia Sentia décidât que les affranchissements faits *in fraudem creditorum* étaient absolument *nuls* [2].

L'affranchissement échappe donc à la *restitutio in*

1. L. 10, D., *De minor.* 25 *ann.*, 4, 4.
2. D., *Quæ in fraudem credit.*, 42, 8.

integrum : « *Adversus libertatem quoque minori a prætore subveniri impossibile est* [1] ». Et les motifs qu'on peut assigner à cette décision sont trop généraux pour qu'il soit possible de la restreindre à la *restitutio in integrum* fondée sur la minorité.

Les textes appliquent ce principe d'une manière saisissante : si un esclave a été vendu à un tiers qui l'a affranchi ensuite, et que le vendeur obtienne la *restitutio in integrum* contre son acquéreur, cette *restitutio* ne lui permet pas de tenir l'affranchissement comme non avenu [2].

Mais si la *restitutio* est refusée contre un affranchissement accompli, aucun motif ne pouvait s'opposer à ce qu'elle fût accordée contre une simple obligation d'affranchir, qui n'avait rien d'irrévocable [3].

C'est sans doute par analogie avec l'affranchissement que le jugement qui, dans l'instance sur la *causa liberalis*, est rendu en faveur de la liberté, ne peut pas être attaqué par la voie d'une demande en *restitutio* : la seule voie de recours contre ce jugement est, comme le remarque un texte, l'appel [4]. Quant au jugement rendu sur l'appel, il semble également que la *restitutio* ne peut être accordée contre lui.

1. L. 9, § 6, D., *De minor.*, 25 ann., 4, 4.
2. L. 11, *proœm.*, L. 48, § 1, D., *eod. tit.*
3. L. 1, C., *si advers. liber.*, 2, 31.
4. L. 9, D., *De appell.*, 49, 1.

A part ces hypothèses exceptionnelles, le champ d'application de la *restitutio* était des plus vastes.

Elle était accordée, non seulement contre les actes productifs de droits ou d'obligations, par exemple ceux qui constataient une aliénation [1] ou une promesse [2], mais aussi contre ceux qui contenaient une acceptilation consentie *ob metum* [3].

Une difficulté peut se présenter pour les actes qui ne concernent pas le patrimoine, et sur lesquels les textes sont à peu près muets. Le seul acte dont ils admettent la rescision est l'adrogation consentie par un mineur de vingt-cinq ans, lorsque l'adrogant a eu pour but de s'approprier le patrimoine du mineur [4]. Encore a-t-on prétendu qu'ils visent seulement une promesse d'adrogation et que l'adrogation accomplie ne peut être rescindée. On va même plus loin, et on soutient que tous les actes concernant l'état des personnes sont irrévocables ; mais nous pensons que le texte sur lequel se fonde cette opinion [5], en disant : « *Res non capit restitutionem quum status mutat* » n'a évidemment en vue — le contexte le prouve — que les modifications du *status publicus*, par exemple, la déchéance du droit de vote.

1. L. 7, § 1, D., *De min.* 25 *ann.* 4, 4.
2. L. 27, § 3, D., *eod. tit.*
3. L. 27, § 2, D., *eod. tit.*
4. L. 3, § 6, D., *eod. tit.*
5. L. 9, § 4, D., *eod. tit.*

Il est donc certain que l'adrogation peut être rescindée, pour cause de minorité : et cette solution
doit être étendue par identité des motifs, dans le
cas de violence, aux autres actes concernant la famille.

Y a-t-il lieu d'admettre une exception pour le mariage, en raison du caractère d'irrévocabilité, qu'à
partir du jour où des entraves furent apportées au
divorce, le droit romain chercha à lui donner ! Nous
ne croyons pas que les textes fournissent la solution
de cette question.

Les exemples que nous venons de citer se rapportent tous à des contrats, mais on doit sans hésitation
étendre le principe aux quasi contrats, et notamment
à l'acceptation d'une succession ou à sa répudiation [1].

Les omissions elles-mêmes n'étaient pas soustraites
à la restitution. La personne qui, sous l'empire de la
crainte, a négligé d'interrompre une usucapion paraît
pouvoir se faire restituer [2] : il en est de même de celle
qui a omis de se faire envoyer en possession des biens
de son père [3].

Enfin, il n'est pas jusqu'aux jugements — en dehors, avons-nous dit, de ceux qui prononcent en

---

1. L. 24, § 2, D., *de min.*, 4, 4.
2. L. *unic.*, C. *si advers. usucap.*, 2, 36. Il en est autrement de la
prescription. L. 3 et 4, C., *De præscr.* 30 *vel* 40 *ann.*, 7, 39.
3. L. 2, C., *Ut omiss. heredit.*, 2, 40.

faveur de la liberté — qui ne puissent être rescindés : la rescision est possible, par exemple, si l'on
a laissé tomber l'instance en péremption [1].

On a pu remarquer que la plupart des textes que
nous avons invoqués sont empruntés à la matière de
la minorité ; c'est en effet dans cette matière, à
raison sans doute de son intérêt pratique, qu'il faut
chercher le plus grand nombre de décisions ; mais
comme les motifs qui les expliquent sont généraux,
elles peuvent sans hésitation être étendues à la
restitutio metûs causâ. Nous avons laissé de côté celles
qui nous ont paru dériver de raisons spéciales à la
minorité.

1. L. 7, §§ 11 et 12, D. *de min.*, 4, 4.

CHAPITRE V

CONDITIONS DE LA *RESTITUTIO*

La *restitutio in integrum* est un moyen de procédure
introduit par le préteur pour réagir contre les conséquences rigoureuses du droit civil. Or on sait combien, malgré sa hardiesse, le préteur s'attachait à
restreindre l'application de ses innovations aux hypothèses pour lesquelles son intervention était vraiment
indispensable.

C'est ce qui explique qu'en principe la *restitutio in
integrum* ne fut autorisée qu'en l'absence de tout autre moyen de droit commun pour arriver au même
but. Il fallait, en outre, que la violence ait eu un résultat
préjudiciable à celui qui en avait été victime, qu'il y
ait eu *lésion*.

Le préteur dut enfin se préoccuper des demandes
successives en *restitutio* qui pouvaient lui être indéfi-
niment adressées, à l'occasion du même acte. Il y
avait là des abus possibles à prévenir.

Nous allons étudier successivement ces diverses règles.

SECTION PREMIÈRE

Absence de ressource fournie par le droit commun.

La *restitutio in integrum* n'est, en principe, accordée au demandeur que lorsqu'il ne trouve pas dans le droit commun, d'autre moyen de faire triompher ses justes prétentions.

Les textes paraissent mettre cette règle au-dessus de toute controverse. « *In causæ cognitione*, dit Ulpien, *etiam hoc versabitur, num forte alia actio possit competere ultra in integrum restitutionem : nam, si communi auxilio et mero jure munitus sit, non debet ei tribui extraordinarium auxilium* [1]. »

Telle est la règle générale.

Appliquée rigoureusement à la *restitutio in integrum metûs causâ*, elle conduirait à décider que toutes les fois que l'action et l'exception de violence compéteraient à la personne lésée, la *restitutio* serait impossible. Or, nous l'avons vu, le champ d'application des premières est plus étendu que celui de la *restitutio*, puisqu'il comprend à la fois les actes matériels, et tous les actes juridiques rescindables ou non. La

---

1. L. 16, *procem.*, D., *De minor.*, 4, 4.

restitutio serait donc restreinte au cas où il s'agit de poursuivre des tiers non soumis à l'action et à l'exception : elle ne se concevrait que suivie d'une action *in rem.*

Cette doctrine, malgré sa logique, n'est pas exacte cependant.

Déjà, en matière de dol, lorsque la *restitutio* est possible, c'est-à-dire lorsqu'il s'agit d'un acte juridique rescindable, elle se cumule avec l'action *de dolo.* C'est l'opinion générale : elle s'appuie sur des textes [1], et des motifs, d'ailleurs particuliers à la matière du dol, la justifient pleinement. Comme l'action *de dolo*, la *restitutio* est ici subsidiaire : et si, par son caractère infamant, l'action peut attirer les préférences du demandeur, elle ne lui procure pas cependant, au point de vue matériel, une satisfaction aussi complète que la *restitutio.*

Ces motifs évidemment ne sont pas applicables à la matière que nous traitons: l'action *quod metûs causâ* n'est certainement pas subsidiaire : elle peut notamment être intentée par un demandeur ayant à son service, soit une exception [2], soit, dans les contrats de bonne foi, l'action même du contrat [3].

---

1. L. 7, § 1, D., *De in integ. rest.*, 4, 1 ; — L. 33, D., *De re judic.*, 42, 1.
2. L. 9, § 3, D., *Quod metûs causâ.*, 4, 2.
3. LL. 4 et 5, C., *De his quæ vi*, 2, 20.

La *restitutio in integrum* n'en peut pas moins être intentée de préférence à l'action *quod metûs causâ*, si le demandeur trouve plus avantageux d'y recourir.

Deux textes sont formels sur ce point : l'un [1], prévoyant l'hypothèse d'un héritier ayant répudié une succession *metû*, décide qu'il peut être indemnisé par deux moyens, l'action *quod metûs causâ* et les actions utiles de l'héritier : or ces dernières supposent la rescision de la répudiation. « *Duplici via prætor succurrit, aut utiles actiones quasi hæredi dando, aut actionem metûs causâ præstando : ut quam viam elegerim, hæc mihi pateat.* » Le second de ces textes [2], dans une formule des plus générales, décide que le demandeur a le choix entre l'action *quod metûs causâ* et la *restitutio in integrum metûs causâ*, mais que le choix, une fois fait, fixe son droit et est définitif. « *Non sine ratione dicetur, si in quadruplum quis egerit, fini in rem actionem vel contra.* »

Comment justifier cette dérogation au droit commun ? Elle est équitable et le préteur, nous le savons, se pique plus d'équité que de logique rigoureuse. La

---

1. L. 21, § 6, D., *Quod metûs causâ*, 4, 2.
2. L. 9, § 6, D., *eod. tit.* On cite encore le § 4 de la même loi : mais il n'est pas formel, il dit seulement que l'acte une fois rescindé, le préteur donne tantôt une action personnelle, tantôt une action réelle : mait ce sont là des décisions qui rentrent dans la théorie générale de la *restitutio*.

victime de la violence doit être utilement protégée.
C'est tantôt l'action *quod metûs causâ* — par exemple
en permettant, en cas d'*infitiatio*, une indemnité du
quadruple, tantôt la *restitutio* — en assurant un recours contre les tiers — qui assurera plus efficacement cette protection. Le demandeur aura le choix.

SECTION II
Lésion.

La *restitutio* a été fondée uniquement sur l'idée
d'une faveur méritée par la partie. Elle suppose donc
— et ceci sans dérogation aucune — que le préjudice
existe. S'il n'y en a pas, quelque coupable qu'ait été la
violence, il n'y a pas lieu à *restitutio* : le sens même de
ce mot l'indique d'ailleurs.

Examinons successivement quelle doit être la nature de la lésion, son importance et à qui incombe la
charge de la preuve.

§ 1er. Nature de la lésion.

La lésion peut consister dans une perte matérielle :
ceci n'a pas besoin d'être démontré.

Un intérêt d'affection suffit aussi, quand il est lésé,
pour justifier une demande en *restitutio* [1].

---

1. L. 35, D., *De min. 25 ann.*, 4, 4.

La perte proprement dite est-elle nécessaire ? La privation d'un gain peut-elle aussi être invoquée par le demandeur en *restitutio* ?

Nous croyons devoir répondre affirmativement à cette question. La solution est cependant fort controversée. Si plusieurs textes la mettent hors de doute pour la *restitutio* accordée au mineur de vingt-cinq ans[1], il n'en est pas de même pour les autres *restitutiones* en général, et pour celle qui nous occupe en particulier.

On invoque d'abord contre notre doctrine un texte du *Digeste*[2] qui s'exprime dans les termes suivants : *Sciendum est quod in his casibus restitutiones auxilium majoribus damus, in quibus rei duntaxat persequendæ gratiâ queruntur, non quum et lucri faciendi ex alterius pœnâ vel damno auxilium sibi impertiri desiderant.* » On soutient qu'il résulte formellement de ce texte, notamment de sa dernière partie, que la *restitutio* supposait une perte matérielle.

Il faut remarquer — c'est là notre réponse à l'argument tiré de ce texte — que le jurisconsulte y parle d'un gain provenant *ex alterius damno*. On comprend que, dans ce cas, le préteur n'accorde pas une *restitutio* dont le principal effet serait de porter préjudice à un

1. L. 7, §§ 6, 7 et 8, D., *De min.*, 4. 4.
2. L. 18. D., *Ex quib. caus. maj.*, 4, 6.

tiers innocent. Mais rien ne prouve qu'il en soit de
même au cas où le gain aurait pû être acquis sans
préjudice pour personne.

La même réponse peut être faite à l'argument que
l'on a prétendu tirer d'autres textes [1] ayant trait à
l'hypothèse suivante. Un citoyen est fait prisonnier
par l'ennemi avant d'avoir terminé une usucapion qui
était en voie de s'accomplir à son profit. Il ne pourra
pas à son retour invoquer le droit de *postliminium*
pour accomplir rétroactivement l'usucapion interrom-
pue par la captivité. Voici le motif que donne Papinien
de cette décision : « *Neque enim intelligitur amissum
quod ablatum alteri non est.* » On voit qu'il s'agit
encore dans cette espèce d'un gain dont l'obtention
causerait une perte à un tiers.

Loin donc d'appuyer la doctrine que nous combattons, ces divers textes consacrent implicitement notre
opinion. D'autres textes la justifient plus formellement, notamment une loi [2] extraite, comme celle
que nous avons vu invoquer en première ligne par le
système réfuté, du commentaire de Paul sur l'édit.

Si donc on suppose par exemple qu'un créancier
ait fait, sous l'empire de la violence, une acceptilation, et se soit ainsi privé d'une somme qu'il destinait
à faire une acquisition avantageuse, il semble qu'on

1. LL. 19 et 20, D., *Ex quib. caus. major.* 1, 6.
2. L. 27, D., *eod. tit.*

doive lui tenir compte du gain qu'il a été empêché de
faire.

§ 2. — Importance de la lésion.

Dans la *restitutio* la plus usuelle, celle qui est accordée aux mineurs de vingt-cinq ans, la lésion doit être
considérable. Cette exigence du préteur est basée sur
l'intérêt même des mineurs qui trouveraient difficile-
ment à contracter si leurs co-contractants couraient le
risque de voir trop facilement rescinder leurs conven-
tions [1].

Ce motif ne s'appliquant pas aux autres *restitutiones* et notamment à la *restitutio metûs causâ*; il semble
que, pour l'admettre, la plus légère lésion suffise.
L'opinion contraire a cependant été soutenue : elle
s'appuie sur un texte qui ne nous parait pas décisif [2].
Le voici : « *Scio illud a quibusdam observatum, ne
propter satis minimam rem vel summam, si majori
rei vel summæ præjudicetur, audiatur is qui in integrum restitui postulat.* » Le sens de ce texte est
douteux. On a pu l'interpréter de deux manières différentes et en conclure, soit que la lésion doit être
importante, soit que *la restitutio* n'est pas admise au
cas où elle préjuge une question plus importante.

---

1. L. 9, *proœm*; — L. 24, § 1; — L. 49, D., *De min.*, 4, 4; — L. 1,
C., *Si adv. vendit.*, 2, 29; — L. 1, C., *Si advers. fisc.* 2. 337.
2. L. 4, *De in integ. restit.*, 4, 1.

Il nous paraîtrait plus sûr de restreindre au mineur
le système qui exige une lésion importante, non parce que seule cette hypothèse est prévue aux textes,
mais parce que seule elle est justifiée par le motif que
nous avons indiqué plus haut.

Au point de vue pratique, d'ailleurs, la question ne
ne présentait pas une grande importance. Le magistrat étant libre de refuser la *restitutio*, son arbitraire
pouvait corriger les inconvénients, d'une règle générale.

§ 3. Preuve de la lésion.

Conformément aux règles générales de la preuve,
c'est à la personne qui, en demandant la *restitutio*, se
prétend victime d'une lésion, à prouver qu'elle existe.
Il n'y a là que l'application des règles ordinaires de
la preuve et nous n'aurions même pas eu à la signaler
si l'on n'avait pas soutenu que dans les *restitutiones*, la
la lésion doit être présumée. Mais cette opinion n'est
pas exacte : contraire au droit commun, elle est en
contradiction formelle avec un texte [1] qui décide que
dans *la restitutio ob ætatem* (et il n'y a aucun motif
pour ne pas étendre cette règle) le mineur doit prouver la lésion.

---

1. L. 5, C., *De in integ. restit. minor.* 25 *ann.* 2, 22

SECTION III

Demandes successives en *restitutio*.

Deux hypothèses doivent être prévues.

1° *Une demande en* restitutio *a été rejetée.*

Les principes sur l'autorité de la chose jugée conduisent à décider qu'elle ne peut plus être demandée pour les mêmes causes ; la seule ressource du demandeur est le recours au prince. « *Adversus ejus sententiam qui vice principis cognovit, solus princeps restituit* [1]. » Il va sans dire que si la nouvelle demande n'a pas la même cause (*eadem causa*) que la première, elle doit être portée devant le préteur.

2° *La demande en* restitutio *a été admise.*

Le demandeur ne saurait se faire restituer contre la restitution qu'il a obtenue : c'est du moins ce qui paraît résulter des motifs généraux d'un texte [2] qui décide qu'un mineur, après avoir obtenu la *restitutio* contre une répudiation de succession, ne peut se faire restituer contre cette première restitution « *ne ludibrio leges ei fiant* ».

Quant au défendeur, il semble qu'il puisse, sans difficulté, faire rescinder la *restitutio* par une nouvelle

---

1. L. 3, C., *Ri advers. rem. judic. restit. post.*, et E. 2, *eod. tit.*
2. L. 8, § 6, C., *de bon. quæ liber. in potest.*, 6, 60.

restitutio, pourvu, bien entendu, qu'il se trouve lui-
même dans les conditions exigées par l'édit. Nous
avons vu, en effet, que les jugements pouvaient être
rescindés. « *Tam præfectus urbi quam alii magistra-*
tus pro juridictione sua restituere in integrum pos-
sunt, tam in aliis causis quam contra sententiam
suam [1]. »

1. L. 16, § 5, D., *De min.*, 4, 4.

CHAPITRE VI

PROCÉDURE DE LA *RESTITUTIO*

La procédure est la même pour les diverses *restitutiones* : nous pourrons donc être bref sur les divers points que nous allons traiter successivement, à savoir :

1° Du délai ;

2° De la compétence ;

3° Des formes de l'instance et du pouvoir du magistrat.

SECTION PREMIÈRE
Délai de la demande en *restitutio*.

On fixa dès l'origine un délai passé lequel la demande en *restitutio* ne pouvait plus être intentée. Ce délai, on le comprend, fut toujours fort court : mais sa brièveté ne présentait pas de grands inconvénients ; le

point de départ du délai étant, non pas le jour de
l'acte, mais le jour où cessait le fait invoqué à l'appui
de la demande en rescision [1] : on estimait avec raison
qu'en cas de violence, par exemple, la victime n'avait
pas, tant qu'elle durait, sa liberté d'action.

Le délai paraît avoir été dès l'origine, — les textes
du *Digeste*, en tout cas, n'en indiquent pas d'autre —
d'une année utile [2].

Le mot d'année utile signifie non seulement que le
délai, comme nous venons de le dire, ne court pas
immédiatement, mais aussi que pour le calculer on
ne doit pas tenir compte des jours où le magistrat ne
siège pas.

Nous trouvons une autre application de ce principe
dans les textes [3] qui décident que le délai de l'action
qu'un mineur succédant à un majeur peut intenter
comme ayant-droit de ce dernier est suspendu jusqu'au moment de sa majorité.

La durée du délai subit, sous les empereurs, deux
modifications successives.

La première [4] ne concernait que la *restitutio ob œta-
tem* : nous n'avons pas à nous y arrêter.

---

1. L. 1, § 1, D., *Ex quibus. caus. major.*, 4, 6 ; — L. 5, *proœm* ; —
L. 7, C., *De temp. in integ. restit*, 2, 53.

2. LL. 2 et 3, C., *De restitut. milit.*, 2, 51.

3. L. 19, D., *De minor.*, 4, 4 ; — L. 3, §§ 1 à 3, C., *De tempor. in
integ. restit.*, 2, 53.

4. L. 2, C., Théod., *De in integ. restit.*, 2, 16.

La seconde fut l'œuvre de Justinien [1] : elle consista
à substituer au délai utile un délai continu de quatre
années. Tous les jours étaient désormais comptés. Le
point de départ toutefois ne fut point modifié, et la
suspension pendant la minorité fut toujours maintenue.

Au point de vue du délai, la *restitutio metûs causâ*
était donc moins avantageuse que l'action *quod metûs
causâ* et que l'exception *metûs*. Cette dernière, comme
toutes les exceptions, était perpétuelle. Quant à l'action, elle était bien sujette à déchéance après une
année utile ; mais cette déchéance n'était au fond
qu'une transformation : la condamnation au quadruple devenait simple [2]. L'action devenait subsidiaire,
c'est-à-dire que le préteur ne la délivrait que *cognitâ
causâ*, après avoir examiné si le demandeur n'avait
pas une autre voie de procédure à son service [3]. L'action subsistait donc et n'était plus, sous sa nouvelle
forme, prescriptible que par trente ans.

La *restitutio* présentait, au point de vue du délai,
une autre infériorité sur l'action *quod metûs causâ*. Il
suffit d'ordinaire que le demandeur, pour éviter la déchéance, *intente* son action avant l'expiration du dé-

---

1. L. 7, C., *De temp. in integ. restit.*, 2, 53.
2. L. 14, §§ 1 et 2, D., *Quod metûs causâ*, 4, 2 ; — L. 4, C., *De his quæ
vi*, 2, 20.
3. L. 14, § 2, D., *Quod met. caus.*, 4, 2.

lai de prescription : cette règle s'appliquait sans nul doute à l'action *quod metûs causâ*. La *restitutio*, au contraire, devait être *prononcée* dans le délai indiqué[1].

Le demandeur se trouvait donc exposé à subir une déchéance pour un retard dont il n'était pas coupable.

Il est difficile de donner de cette anomalie une explication satisfaisante. On a bien dit que l'expiration de l'année utile constitue une péremption de procédure, non une prescription. Cette explication est peut-être juridique : elle ne satisfait guère l'équité.

SECTION II

De la compétence.

Les préteurs et les *præsides provinciæ* pouvaient seuls, sans l'assistance du juge, prononcer les *restitutiones*. Elles faisaient donc partie de la *cognitio extraordinaria*.

Il est facile de justifier cette dérogation à la procédure formulaire. Non seulement la *restitutio*, — comme la plupart des moyens prétoriens, — contrariait les principes du droit civil. Mais elle aboutissait dans bien des circonstances à rendre des tiers victimes de la rescision. Il était donc important que

---

1. L. 39, *proœm.*, D., *De min.*, 4, 4 ; — L. 7, *proœm*, C., *De temp. in integr. restit.*, 2, 53.

la rescision ne fût pas accordée à la légère, et fût réservée aux magistrats dont la situation élevée présentait des garanties particulières de compétence.

On sait que l'empire modifia l'organisation et la compétence des magistrats. Le jugement des demandes en restitution fut alors remis au préfet de la ville et aux magistrats ayant une *jurisdictio* propre[1] (préfet du prétoire, préteur, *legatus provinciæ*). Les magistrats municipaux n'eurent jamais ce droit[2].

Si la demande en *restitutio* portait sur un acte, le magistrat compétent était celui qui, au cas de procès, aurait dû délivrer la formule, ou rendre la décision : c'était donc en général le préteur ou le *præses provinciæ*[3].

Si la demande portait sur un jugement, voici les règles qui devaient être observées. Les magistrats ne pouvaient jamais rescinder la sentence émanant de leurs supérieurs : mais rien ne les empêchait de restituer les parties lésées par leurs propres décisions. Cette solution n'est pas en contradiction avec celle que donnent les textes relativement à l'appel. Si l'appel, en effet, ne peut pas être porté devant le juge même qui a rendu la décision incriminée, c'est que l'appel peut comporter une critique de cette décision : il en

1. L. 16, § 5, D. *de minor.* 25 *ann.*, 4, 4.
2. L. 10, C. *Ad municip. et de incol.*, 50, 1.
3. L. 2, C, *si adeers. fisc.*, 2, 3⁻.

est autrement de la demande en *restitutio metûs causâ*, qui se fonde uniquement sur une violence commise par l'adversaire ou par un tiers : « *Appellatio quidem iniquitatis sententiam querelat : in integrum vero restitutio erroris proprii veniæ petitionem vel adversarii circumventionis allegationem continet*[1]. »

Aussi deux textes mettent-ils cette solution hors de doute.

« *Magistratus... restituere in integrum possunt, tam in aliis causis quam contra sententiam suam*[2]... »

« *Ex suâ sententiâ in integrum possunt restituere, quamvis appellare ab his non possit*[3]. »

On a cependant soutenu — M. de Savigny notamment (D. R. F. 8, p. 222), — que la *restitutio* contre une *restitutio* prononcée par un magistrat devait être portée devant le magistrat supérieur. Mais les deux textes invoqués à l'appui de ce système sont loin de nous paraître concluants.

L'un d'eux[4] dit bien que le préteur ne peut rescinder sa décision (*rescindere sententiam suam prætorem non posse*), mais le sens de cette formule est indiqué par la suite du texte, qui permet au magistrat de compléter sa sentence, pourvu qu'il n'en change pas le

---

1. L. 17, D., *De min.*, 4, 4.
2. L. 16, § 5, D., *eod. tit.*
3. L. 17, D., *eod. tit.*
4. L. 42, D., *De re jud.*, 42, 1.

sens général et que les modifications soient introduites le jour même. Celte dernière solution se présentant comme une restriction à la première, celle-ci
concerne également les changements introduits d'of-
fice par le préteur.

Le second des textes invoqués[1] est moins formel
encore : il refuse simplement au juge le droit de corriger les erreurs contenues dans la décision.

La règle est donc certaine. C'est en application du
principe qui l'a inspirée, que l'empereur peut seul
rescinder la *restitutio* qu'il a faite, et celle, qui lui est
assimilée, prononcée par des *procuratores,* qui sont
considérés comme ses mandataires directs[2].

Par exception, le préfet du prétoire a — concurrem-
ment avec l'empereur qui peut d'ailleurs rescinder
également les décisions des autres magistrats[3] — le
droit de restituer une partie contre ses propres décisions : le motif de cette dérogation au droit commun
est que la délégation du préfet du prétoire est perpétuelle[4].

Justinien a modifié profondément ces règles de
compétence[5]. Pour faire cesser, dit-il, les controver-

---

1. L. 55, D., *De re judic.,* 4, 21.
2. L. 18, §§ 1, 3 et 4, D., *De min.,* 4, 4. — L. 1, C., *Ub. et ap. quem
cognit. in integ. rest. agit.,* 2, 47.
3. L. 10, D., *De min.* 4, 4.
4. L. 17, D., *eod. tit.*
5. L. 3, C., *Ub. et ap., q. cognit. in. integ. reot. agit.,* 2, 47.

ses qui s'étaient élevées à ce sujet, il décida que les demandes en *restitutio* pourraient être tranchées par tous les magistrats nommés soit par l'empereur, soit par les administrateurs de la République. Cette décision étendit la compétence à deux sortes de magistrats, auxquels, jusqu'à cette époque, elle avait été refusée : les magistrats municipaux, et les *judices pedanei*. Le droit de restituer est même accordé aux juges, à l'exception des arbitres, des juges nommés par compromis et de ceux désignés par d'autres juges privés du droit de juridiction.

SECTION III

Formes de l'instance et pouvoir du magistrat.

Au point de vue de la forme, la *restitutio* ne diffère guère des instances ordinaires : le défendeur doit être présent ou appelé, il doit pouvoir, s'il le désire, présenter ses observations et contredire la demande [1].

Si les formes sont régulièrement observées, il se produira un résultat considérable : la situation des parties sera maintenue telle qu'elle était avant l'introduction de l'instance : celle-ci est donc suspensive. Si l'acte attaqué n'a pas été exécuté, il ne pourra pas l'être avant la prononciation de la sentence. « *Postu-*

---

1. L 13, *prœm*; — L. 29, § 2, *de min.*, 4, 4.

lata in integrum restitutione, omnia in suo statu esse debere, donec res finiatur, perspicui juris est[1]. » La demande en *restitutio* produit donc les effets ordinaires de l'appel.

Les pouvoirs du magistrat peuvent se résumer en ces termes : le prononcé de la sentence est précédé d'une *causæ cognitio*, c'est-à-dire que le magistrat jouit d'un pouvoir d'appréciation discrétionnaire. La *restitutio* diffère grandement, à ce point de vue, de l'action *quod metûs causâ*, qui ne suppose pas de *causæ cognitio*, si elle est intentée dans l'année.

Le préteur peut donc, tout en reconnaissant que la demande est fondée — et notamment que la violence a eu lieu, que toutes les conditions requises sont remplies — refuser d'accorder la *restitutio*, et décider que le maintien du contrat est préférable à sa rescision. Les textes prouvent que le magistrat usait souvent de ce droit pour les restitutions demandées pour cause de minorité ; il rejetait sans doute plus rarement la *restitutio metûs causâ*.

Le magistrat n'est d'ailleurs pas obligé de trancher définitivement lui-même le litige. S'il a le droit de prononcer lui-même la *restitutio*, il peut aussi se contenter de reconnaître le bien fondé de la demande, et renvoyer les parties en leur délivrant une formule

---

1, L. 3, *De in integ. restit.*, 4, 1.

devant le magistrat qui aura à déduire les conséquences pratiques de la sentence. Le premier procédé paraît avoir été plus usité ; le second a dû cependant être fréquemment employé, quand les circonstances ou l'importance de la valeur à restituer exigeaient un long examen [1]. Les commentateurs ont donné à la décision du magistrat le nom de *judicium rescindens*, et à celle du juge celui de *judicium rescisorium*.

Rien n'empêche enfin le magistrat de prononcer une *restitutio* conditionnelle, subordonnée à la constatation de certains faits, qu'il détermine et que le juge appréciera.

---

1. L. 13, § 1, D., *De min.*, 4, 4 ; — L. 9, § 4, D. *De jure jur.*, 12, 2.

CHAPITRE VII

EFFETS DE LA *RESTITUTIO*

L'absence de dispositions spéciales relatives à la *metus* nous permettra d'être aussi bref sur ce chapitre que sur le chapitre précédent.

L'effet de la *restitutio* est de rétablir intégralement les choses en l'état où elles seraient si l'acte rescindé ne s'était pas produit.

Le demandeur recouvrait donc les choses qu'il avait perdues, et ils les recouvrait dans les conditions où il les avait perdues; c'est ainsi que le délai qui restait à courir jusqu'à la prescription restait le même[1]. « *Restitutio ita facienda est, ut unusquisque in integrum jus suum recipiat*[2]. »

---

1. L. 26, § 7, D., *Ex quibus caus. major.*, 4, 6 ; — L. 50, D., *De min. 25 ann.*, 4, 4.
2. L. 24, § 4, D. *eod. tit.*

Les textes contiennent de nombreuses et caractéristiques applications de ce principe.

Si la rescision porte sur une novation par changement de débiteur, le nouveau débiteur insolvable est libéré et celui dont la novation avait éteint la dette est tenu dans les termes de la première obligation[1]. Les fidéjussions, les gages, les hypothèques renaissent[2].

La *restitutio* profite aussi bien au défendeur et aux tiers qu'au demandeur : « *Qui restituitur sicut in damno morari non debet, ita nec in lucro*[3]. » Par exemple, si la *restitutio* porte sur une répudiation d'hérédité, les fideicommis renaissent[4].

De même, en cas de *restitutio* contre une vente, il y a lieu à indemnité pour les améliorations[5].

Quand l'acte rescindé a produit des effets irrévocables, la *restitutio* n'a pas lieu directement. Si, par exemple, une répudiation a été faite, et que le substitué en ait profité pour faire adition, la qualité d'héritier étant indélébile ne peut disparaître chez celui-ci. La rescision ne rendra donc pas au répudiant la qualité d'héritier : mais elle lui en assurera les avantages réels[6]. Le préteur lui accordera les actions utiles

1. L. 27, § 3, D., *eod. tit.*
2. L. 27, § 2 ; — L. 50, D., *De min.*, 4, 4 ; — L. 26, § 7, D., *Ex. quib. caus.*, 4, 6.
3. L. 1, *proœm.*, C., *De rebus. quæ fiunt in jud.*, 2, 42.
4. L. 41, D., *Ex quibus causis maj.*, 4, 6.
5. L. 39, § 1, D., *De min.*, 4, 4.
6. L. 7, § 10, D., *eod. tit.*

pour lui procurer les avantages de l'hérédité et le met-
tra aussi *loco hæredis*. Ces actions utiles se formulent
de la manière suivante : « *Se Aulus Agerius de quo
agitur ex jure Quiritium hæredem fuisse paret*[1]... »
La formule de ces actions est fictive : car elle suppose
que l'acte rescindé n'a jamais existé.

Au lieu de délivrer les actions anciennes à titre
d'actions utiles, le magistrat peut également, nous
l'avons dit, condamner directement le défendeur. Un
texte fait ressortir les avantages respectifs des deux
procédés[2]. Il s'agit d'une acceptilation faite *metû* par
le créancier au débiteur : le préteur, dit ce texte, res-
cindera l'acceptilation et accordera au demandeur ses
anciennes actions. Mais rien ne l'empêche, si la dette
est arrivée à échéance de condamner le défendeur à
en payer le montant. Le préteur a le choix entre les
deux procédés.

Le préteur va quelquefois plus loin et, à la suite de
la *restitutio*, accorde une action réelle. C'est là l'un
des plus précieux avantages de la *restitutio in integrum*. Si, en effet, l'acte rescindé contient une aliénation et que l'acquéreur, après avoir transmis l'immeuble à un tiers, soit devenu insolvable, le demandeur n'aura aucune chance d'aboutir à une réparation sérieuse quelconque : l'action réelle lui permettra

---

1. Gaius, *Comm.*, C., 4, § 34.
2. L. 9, § 4, D., *Quod metûs causâ*, 4, 2.

d'agir utilement contre le nouvel acquéreur. Cette
action réelle paraît avoir été assez usitée, en matière
de violence, bien plus, en tout cas, qu'en matière de
minorité.

C'est à elle que se rattachent les divers textes relatifs à ce que l'on a improprement appelé l'action
publicienne rescisoire ou contre-publicienne.

Cette action a pour but de rescinder une usucapion :
elle constitue en réalité une véritable *restitutio*.

Elle n'est pas en effet une action *sui generis*.

Les circonstances dans lesquelles elle est accordée
le démontrent bien clairement.

Une usucapion s'est accomplie soit au préjudice
d'un propriétaire empêché de l'interrompre, soit au
profit d'un absent [1].

Le préteur rescinde cette usucapion : il *restitue* le
propriétaire contre lequel s'est produite l'usucapion
dans tous ses droits primitifs : le préteur lui donne
alors cette action rescisoire, qui n'est, au fond, que
l'action civile prétorienne en revendication, l'action
in rem accordée à la suite des *restitutiones*.

D'où lui est donc venu ce nom de *contre-publicienne*?

La loi 57, D., *Mandati*, 17, 1, nous l'apprend: Titius

---

1. Ce cas n'existait plus sous Justinien, qui a donné les moyens
d'interrompre seulement les usucapions qui couraient au profit d'ab-
sents (L. 2, C., *De min. excep.*, 7, 40).

était *in causâ usucapiendi* avant l'usucapion accomplie à son détriment par Seius : il intente contre ce dernier l'action *publicienne* : mais Seius lui oppose l'exception *justi dominii* : le préteur alors rescinde l'usucapion de Seius : Titius, restitué dans ses droits, revendique l'immeuble par une action *in rem*. C'est le mécanisme ordinaire des *restitutiones* : et cette action, dite *rescisoire* ou *contre-publicienne* est bien plus l'effet de la rescision que la rescision elle-même.

DROIT FRANÇAIS

—

DE LA

RÉHABILITATION

DES CONDAMNÉS

DROIT FRANÇAIS

DE LA

RÉHABILITATION

DES CONDAMNÉS

INTRODUCTION

La réhabilitation est une institution législative, dont l'objet est de relever une personne condamnée et qui a exécuté sa peine, des déchéances résultant de la condamnation.

Nous croyons utile, avant d'entrer dans l'examen juridique que nous nous proposons d'en faire, de rechercher à quelles préoccupations philosophiques et morales a dû obéir le législateur en créant et en perfectionnant cette institution.

La peine, enseignent les criminalistes, doit être à la fois *exemplaire* et *moralisatrice*.

Les lois pénales sont donc des lois de *défense sociale* et de *défense préventive*.

Le trouble social qu'a causé son infraction, fait le coupable, débiteur envers la société.

La peine idéale devrait être mesurée à cette dette :
elle devrait à la fois, par la terreur effrayer ceux que
pourrait tenter le mauvais exemple donné par le condamné et garantir le coupable contre de nouveaux en-
traînements, par l'idée de justice que son application
raisonnée aurait réveillée en son âme, le rendre à la
société amélioré, guéri.

Il n'en est rien cependant.

Les sévérités de la justice inspirent plus de curio-
sité que de terreur.

Le condamné sort de la prison bien souvent plus
corrompu qu'il n'y était entré. La société, sa créancière
hier, est devenue sa débitrice.

Quels que soient les progrès accomplis, le régime
des prisons est encore bien défectueux. Les promiscuités les plus révoltantes les transforment, surtout
pour les jeunes détenus, en écoles du crime. Des préoccupations humanitaires ont fait améliorer la condition matérielle du condamné : mais l'état précaire des
finances publiques arrête, à ce point de vue, les meil-
leures volontés. Et des préoccupations d'une autre
nature restreignent chaque jour et tendent à restreindre de plus en plus la part nécessaire des influences
religieuses dans l'œuvre de réhabilitation morale des
condamnés.

Les lois pénales, d'ailleurs, sont souvent appliquées
d'une manière bien inégale et bien irraisonnée.

Pour remédier à tant d'abus, il faudrait refondre le
régime des prisons, changer l'orientation morale de la
politique, réformer le juge, c'est-à-dire reconstituer
nos finances et refaire les hommes. Les rêveurs ont
le droit de l'espérer.

En attendant, la prison moralisatrice continuera
à rendre à la société des cœurs ulcérés, fatalement
enclins, en quelque sorte, à de nouvelles infractions.
Elle sera toujours la grande génératrice de la récidive.

N'y a-t-il rien à faire cependant? Et faut-il s'avouer
impuissant à défendre la société contre le condamné
d'hier, et le condamné contre lui-même?

On a essayé de moraliser par la terreur : la loi du
27 mai 1885 sur la rélégation des récidivistes est l'une
des dernières manifestations de ce système. L'avenir dira si la sagesse, la justice, le sens moral et l'in-
tuition des vérités sociales n'étaient point du côté des
minorités qui la repoussaient, et non de celui des ma-
jorités qui l'acclamaient.

La moralisation par l'encouragement au bien peut
être plus efficace.

Récompenser le repentir persévérant, aider au
repentir naissant, offrir aux rêves sains du condamné,
avec la liberté recouvrée, l'appât de la dignité sociale
reconquise, lui faire comprendre que si la peine efface
sa dette, sa bonne conduite peut effacer aussi le sou-

venir du paiement : après la punition solennelle, publique, éclatante, rendre la réparation discrète et facile : en faire une récompense, non une faveur, de telle sorte que la réhabilitation accordée devant les hommes soit la consécration, pour le coupable, de sa propre réhabilitation morale accomplie par lui-même dans sa conscience : ce sont là des principes évidents dont l'application peut être délicate, dont la vérité ne peut être contestée.

L'étude historique que nous ferons de la réhabilitation nous prouvera que l'antiquité les a méconnus : il a fallu des siècles pour en amener l'application à la perfection relative que les dernières lois en ont faite : Nous aurons à nous demander d'où vient, sur ce point, la supériorité de nos civilisations modernes : et, comme pour tous les progrès réels, nous aurons à constater, dans cet épanouissement de la justice sociale, l'influence des idées chrétiennes.

Réhabiliter le coupable condamné, ce doit donc être le restituer dans ses droits perdus, par l'effet de la condamnation, sous certaines conditions destinées à assurer la réalité et la persévérance de son repentir.

Ces conditions sont-elles accomplies, la réhabilitation doit être un droit pour le condamné : mais, comme leur appréciation ne consiste pas uniquement dans la perception de faits matériels et comporte nécessairement l'examen d'une situation morale, une part d'arbitraire se mêle fatalement à l'application de ce droit. La réhabilitation, néanmoins, n'est pas, ne peut pas être une faveur.

La *grâce*, l'*amnistie* sont de pures faveurs. Qu'elles aient, bien souvent, pour objet de récompenser la bonne conduite, c'est certain : mais elles ne la supposent pas nécessairement. Sous des formes diverses, variant avec les constitutions politiques, les mœurs, les pays, elles sont toutes deux le fait du prince.

L'*amnistie* peut être définie : « un acte par lequel le pouvoir législatif défend de faire ou de continuer aucunes poursuites, ou bien d'exécuter des condamnations contre plusieurs personnes coupables, désignées seulement par le genre de délit qu'elles ont commis [1]. » Il suit de là que le délit lui-même est effacé, et est considéré comme n'ayant jamais été commis. C'est là son caractère distinctif, celui que, pour le moment, nous nous contenterons de signaler.

La *grâce* laisse subsister le délit : elle n'efface point la condamnation : elle consiste uniquement dans la remise, à titre bienveillant, de tout ou partie de la peine : c'est une dispense accordée au condamné d'exécuter matériellement les peines prononcées contre lui.

---

[1]. Nouveau Denizart, Collection nouvelle, v° *Amnistie*. ; — Mangin., *De l'action publique*, édit. Sorel, v. I, n° 442.

La *grâce* et l'*amnistie* ne sauraient donc nullement réaliser cet idéal que nous avons essayé plus haut d'exprimer : défendre la société contre le condamné, et le condamné contre lui-même.

C'est là le caractère distinctif de la réhabilitation, et ce caractère est moderne.

Nous verrons, en étudiant l'histoire de cette institution, que jusqu'à une époque fort peu éloignée de nous, elle n'était qu'une mesure exceptionnelle, différente, sans doute, dans ses effets, mais très assimilable dans son principe et dans son fonctionnement, à la *grâce* ou à l'*amnistie*.

On se l'explique facilement : la récidive qui est un mal de tous les temps, a pris à notre époque le caractère d'un véritable péril social. Les progrès intellectuels, dont nous sommes parfois si fiers, ont pour corollaire indéniable une profonde décadence morale. Les lois les plus humaines doivent avoir moins en vue, désormais, l'amélioration de l'homme que la défense de la société.

Aussi la loi du 15 août 1885, qui consacre les derniers progrès sur la matière et qui formera le fond de notre étude, porte-t-elle pour rubrique : « *Loi sur les moyens de prévenir la récidive.* » Dans cette loi, la réhabilitation fait partie d'une série d'institutions qui toutes convergent vers le même but. Des sociétés de patronage fournissent au condamné libéré un aide

puissant lui permettant d'attendre avec patience et
dans le repentir le moment de la réhabilitation. La
libération conditionnelle est encore un précieux moyen
d'encouragement.

« Prendre le coupable, disait le rapporteur de cette
loi, au moment où il commence à subir sa première
condamnation, faire luire à ses yeux l'espoir de
l'abréger par sa bonne conduite, cultiver ses dispositions saines, lui assurer, à sa sortie de prison, la
vie matérielle par un labeur suffisamment rémunéré,
lui faciliter le relèvement moral en diminuant, aux
yeux du monde, sa déchéance, lui ouvrir plus large
qu'elle ne l'était la porte de la réhabilitation, en
lui rendant, sans trace du passé, l'exercice de tous
ses droits, tel est le but de la loi nouvelle [1]. »

Telle est, dans son esprit, la réhabilitation ; elle
apparaît comme le couronnement de ce groupe
d'institutions qui l'entourent. Dieu nous garde d'en
méconnaître les avantages, et de nier les progrès
récemment accomplis.

Mais c'est dans l'âme même du condamné que doit
s'accomplir la grande œuvre de sa réhabilitation :
c'est en lui, par son propre effort, que doit commen-
cer sa renaissance morale. Cette œuvre n'est pas du
ressort du législateur ; mais il peut singulièrement

1. M. Gomot, rapport à la Chambre des députés, lors de la discussion de la loi du 15 août 1885.

l'entraver ou l'aider, selon qu'il fermera ou qu'il ouvrira les portes des prisons aux influences religieuses et morales. Si la prison ne les a point éclairées sur leurs responsabilités et leurs devoirs, le grand jour de la liberté aveuglera ces âmes obscures. L'œuvre philanthropique du législateur sera vaine ; il aura bâti sur le sable.

L'étude que nous abordons sera divisée en cinq chapitres.

Dans un premier chapitre, qui sera consacré à l'historique de la matière, nous nous attacherons surtout à faire ressortir les progrès successifs accomplis par la réhabilitation, les principes divers sur lesquels elle a reposé, suivant les époques.

Nous nous occuperons ensuite successivement :

1° Des condamnations qui peuvent faire l'objet d'une réhabilitation ;

2° Des conditions auxquelles le condamné doit satisfaire, avant de demander la réhabilitation ;

3° Des formalités qu'il doit accomplir pour l'obtenir ;

4° Enfin des effets de la réhabilitation obtenue.

CHAPITRE PREMIER

HISTORIQUE DE LA RÉHABILITATION

§ 1er. — Législations anciennes.

L'idée de la réhabilitation, telle que nous avons essayé de l'analyser, est, nous l'avons dit, toute moderne. Il est impossible d'en trouver la trace, nous allons le voir, dans les institutions similaires ou dans les mesures isolées dont l'antiquité nous fournit de nombreux exemples.

L'*amnistie* et la *grâce* s'y rencontrent plus fréquemment, cela s'explique : mesures individuelles ou collectives de clémence, elles étaient le fait du prince, et correspondaient à merveille à l'esprit autoritaire des démocraties et des oligarchies antiques.

On en trouve de nombreux exemples dans le droit attique.

C'est ainsi qu'au cinquième siècle avant J.-C.,

Thrasybule, après avoir délivré Athènes des trente tyrans, fit proclamer une amnistie en faveur de la plupart des coupables [1].

Quant à la grâce, nous la voyons accordée successivement par le peuple assemblé à Aristide et à Démosthène.

On a voulu voir une réhabilitation véritable dans la loi de Solon déclarant ἐπίτιμοι tous ceux qui avaient été déclarés infâmes avant son archontat, à l'exception de personnes coupables de certains crimes particulièrement graves [2]. Nous ne pouvons raisonnablement y voir qu'une amnistie accordée dans un but d'apaisement politique.

Avec plus de raison assurément, on pourrait voir l'institution d'une réhabilitation dans cette loi attique dont nous ne connaissons ni la date, ni l'auteur [3], qui décide que les personnes notées d'infamie, ou condamnées à des amendes envers les Dieux ou le trésor public pourraient être restituées dans leurs droits, après le paiement de l'amende, par une assemblée d'au moins six mille citoyens, votant au scrutin secret. Cette disposition présente certaines analogies

---

1. « *Hæc oblivio, quam Athenienses* ἀμνηστίαν *vocant concussum et labentem civitatis statum in pristinum habitum revocavit.* » (Valère Maxime, lib. IV, cap. I.) — Voyez *Dictionnaire des Antiquités grecques et romaines*, v° *Amnestia*, par M. Caillemer.

2. Plutarque, *Vie de Solon*, XIX.

3. Samuel Petit, *Leges atticæ*: περί των τιμών.

avec le droit moderne : il ne faudrait pas cependant en induire une assimilation quelconque. Cette mesure, essentiellement politique, devait présenter un caractère exceptionnel.

Si de la législation grecque nous passons au droit romain, nous trouvons trois institutions qui semblent, au premier abord, correspondre très exactement à l'amnistie, à la grâce, à la réhabilitation du droit moderne : ce sont l'*abolitio*, l'*indulgentia*, la *restitutio in integrum damnatorum*. Nous ne dirons des deux premières que ce qui sera nécessaire pour les comparer à la troisième, où se rencontrent certaines analogies avec notre réhabilitation.

L'*abolitio* était le désistement d'une procédure criminelle, entamée ou non. Ce n'était pas, à l'origine, une véritable amnistie ; l'extinction de l'action n'empêchait pas son renouvellement. Seule, l'*abolitio generalis*[1], dont l'effet était de délivrer tous les prisonniers détenus pour une catégorie spéciale de délits, mettait les coupables à l'abri de toute poursuite ultérieure[2]. Sous l'Empire, les actes de véritable amnistie, qui ne dépendirent plus que du caprice du prince, devinrent très fréquents.

L'*indulgentia* est une institution impériale. Le

1. V. Tite-Live, V, 13.
2. *Abolitio est diletio, oblivio, et exstinctio accusationis* (Paul, *Sentent.*, v. 17).

droit de grâce n'existait pas sous la République; il est
vrai que par l'*intercessio* les tribuns avaient le moyen
d'empêcher les condamnations qui leur paraissaient
iniques ; les exemples d'*intercessio* ne sont pas très
rares dans les textes[1] ; nous ne croyons pas cependant que la pratique en ait été très fréquente.

L'*indulgentia* a été, sans doute, entre les mains des
empereurs, le développement de l'*intercessio* des tribuns. Elle avait pour objet, comme la *grâce* moderne,
la remise au condamné de la totalité ou d'une por-
tion de la peine à laquelle il avait été condamné. Mais
c'était tout, elle ne rendait au condamné ni les digni-
tés dont il avait été privé ni les droits de famille
qu'il avait perdus ni même les biens dont la confiscation l'avait dépouillé, à la suite de la condamnation;
l'infamie même n'était pas effacée. Les empereurs
usèrent de l'*indulgentia* avec une grande libéra-
lité.

Son nom même nous indique quel était l'effet de la
restitutio in integrum damnatorum. Comme les *restitutiones* du droit civil, elle était une procédure ayant
pour résultat de relever le condamné de toutes les
dechéances qu'il avait encourues, et de le replacer
dans le rang qu'il occupait et dans tous les droits dont
il jouissait avant sa condamnation.

1. Tite-Live, XVI, 3, XXXVIII, 56 ; — Aulu-Gelle, VII, 19.

Voilà, semble-t-il, le prototype de notre réhabilitation : nous allons voir, cependant, que si les effets sont à peu près identiques, le principe est tout différent et que l'assimilation n'est pas possible.

C'est surtout en faveur des exilés que nous voyons intervenir la *restitutio*. Lorsqu'ils avaient rendu d'éminents services à leur ancienne patrie, lorsque leur condamnation paraissait injuste, c'était pour eux le moyen de redevenir citoyens. Tite-Live nous raconte qu'au moment où les Gaulois assiégeaient le Capitole, on résolut de rappeler Camille qui, pour fuir une accusation de vol, s'était réfugié à Ardées. Une loi votée par le peuple assemblé dans ses comices par curies et approuvée par le Sénat le rappela de son exil[1]. Mais les termes dont se sert l'historien permettent de penser que ce fut la première application du rappel des exilés et que la procédure n'en fut pas bien déterminée.

Ce n'était pas là, d'ailleurs, une véritable *restitutio in integrum*. Pas de condamnation, pas de conditions légales : c'était une mesure politique.

A partir de cette époque, le rappel des exilés devient fréquent : mais c'est toujours par mesure exceptionnelle et pour des motifs d'ordre public. On voit Popilius, exilé, à l'instigation de Caius Gracilius, puis

1. Tite-Live, 51, 46.

rappelé après la mort de ce dernier[1]. Metellus, que l'impossibilité de payer une amende a contraint à s'exiler, est rappelé sur les instances de ses fils[2]. Marius, exilé par Sylla, rentre sur un vote favorable des comices[3]. Cicéron exilé, grâce aux efforts de César et de Clodius, est rappelé sur la proposition de Luceus Cotta[4]. C'est ici que nous voyons indiqués pour la première fois les effets juridiques de la *restitutio* ; Cicéron recouvre tous les droits qu'il avait perdus : les biens qui lui avaient été confisqués lui sont rendus.

La *restitutio* avait, sous la République, comme le démontrent les exemples que nous venons de citer, un champ d'application fort limité : elle n'était guère accordée qu'en cas d'exil. A peine pouvons-nous citer un seul exemple différent : c'est celui des partisans de César, condamnés pour brigue en vertu de la loi Pompeïa, et dont leur chef obtient la *restitutio*[5]. Mais dans cette espèce, comme dans les précédentes, les mesures restent individuelles : ce n'est pas encore une institution juridique.

Cette situation ne se modifie guère sous l'Empire. Les pouvoirs chargés d'accorder la *restitutio* ont changé : c'est l'empereur qui peut seul, désormais, la

1. Cicéron, *Ad senatum*, IV, 5.
2. Appien, I, 33.
3. Cicéron, *Ad senatum*, XV.
4. Cicéron, *In Pisonem*, XV.
5. Suétone, *César*, III, 1.

prononcer ; mais les circonstances dans lesquelles elle
se produit restent les mêmes. C'est toujours une mesure individuelle, prise dans un but politique ou dans
un pur esprit de faveur, qui ne se distingue de l'*indulgentia* que par ses effets plus pleins.

Aucune règle ne s'impose à l'empereur : il n'a à
s'inquiéter ni de la nature du délit, ni de l'importance
de la condamnation. Il peut accorder, à son choix,
l'*indulgentia* ou la *restitutio*. Nous ne croyons pas
utile de citer grand nombre d'exemples historiques.
Signalons seulement, pour montrer dans quel esprit
les empereurs usaient de ces institutions, une décision
de Caracalla qui, un jour, sortant de son appartement,
aperçut un certain Lucinianus, condamné à la déportation, et le *restitua* immédiatement, sans examen
préalable, par pur caprice, sur la demande de quelques officiers ; et une décision générale de Pertinax,
successeur de Commode, qui rappela tous les citoyens
exilés par ce dernier, et alla jusqu'à accorder aux morts
la *restitutio in integrum*.

La *restitutio* était donc sous l'empire encore moins
réglée que sous la République. Rien qui ressemble à
notre *réhabilitation*. La faveur du prince est la seule
ressource du condamné pour échapper à la peine qui
l'a frappé. C'est dans cet esprit que fut rendu, sous Tibère, un sénatus consulte défendant l'exécution, avant
un délai de dix jours, des condamnations prononcées

par le Sénat : cette disposition avait pour but de permettre à l'empereur d'user de son droit d'*indulgentia*[1]; mais il pouvait évidemment en profiter pour accorder la *restitutio*. Le délai fut porté à trente jours par les empereurs Théodose et Valentinien, pour les sentences rendues par l'empereur lui-même[2].

Comme on le voit, cette étude rapide de la *restitutio in integrum damnatorum* nous permet de conclure que si, par ses effets, cette constitution se rapproche de la réhabilitation moderne, elle en diffère absolument par le principe, les conditions, le champ d'application. Elle se confond, à ces divers points de vue, avec l'*indulgentia*.

Peut-être pourrait-on rapprocher davantage de notre réhabilitation le droit qu'avaient les censeurs d'effacer la *nota censoria* qui, sans qu'une condamnation fût pout cela nécessaire, frappait d'*ignominia* la personne à laquelle elle avait été infligée. Les censeurs pouvaient, à leur avénement, maintenir ou effacer la *nota censoria*, et comme, pour se décider, ils tenaient compte de la conduite ultérieure des personnes qui avaient subi cette note, ces dernières savaient d'avance qu'elles pourraient trouver un jour la récompense sociale de leur amendement. Par ce côté, c'était une sorte de réhabilitation : mais comme la *nota censoria*

1. Suétone, *Tibère*, 75 ; — Tacite, *Annales* III, 51.
2. L. 20, C., *De pœn*

n'était pas une condamnation, comme elle n'entraînait
aucune déchéance, il ne faut pas d'une analogie conclure à une complète identité.

L'antiquité n'a donc pas connu, ne pouvait pas
connaître cette idée de la réhabilitation. Cette préoccupation du relèvement moral et social du coupable,
procède naturellement d'un système pénal qui ne voit
surtout, dans les rigueurs, des peines qu'une nécessité de *défense*. Le monde antique, — tant la loi du
talion est profondément humaine et se rattache inti-
mement à ce fonds d'animalité que nous portons tous
en nous, — voyait bien plus dans la peine une *vengeance* que la défense sociale. C'était un duel entre le
coupable et la société : il avait porté le premier coup,
il recevait le second, il était vaincu : la victoire est rarement miséricordieuse.

Que pouvait importer, d'ailleurs, le relèvement, le
salut d'une unité humaine à ces sociétés antiques dans
lesquelles les lois et les mœurs, la constitution de la
famille comme la constitution de la propriété, les hor-
reurs de l'esclavage, les infamies du patronat, tout
avait un but politique ! L'homme n'était rien : seul, le
citoyen pesait de quelque poids, parce qu'il était le
peuple vivant : le coupable était *capitis deminutus* : il
ne comptait plus dans une société où la vie intérieure
de l'âme n'existait pas, où tout convergeait vers un
seul but, l'*imperium* du monde.

Le christianisme allait renouveler la face de la terre. Et c'est aller au cœur même de notre sujet que de montrer rapidement la révolution profonde qu'il apportait dans l'idée de l'homme. Par sa proclamation de l'égalité humaine devant Dieu, par son principe de l'éminente dignité du pauvre et de la toute-puissance du repentir, il créait la vie intérieure ; par son admirable dogme de la communion des saints, il créait la solidarité sociale. Le salut de chacun des « membres de Dieu » importe désormais au salut de tous. L'aveu purifie, la peine efface, la satisfaction donnée à Dieu et au prochain ramène à la primitive candeur. Le pécheur repentant s'asseoit à côté du juste au banquet mystique... Voilà les idées chrétiennes sur la réhabilitation morale et religieuse du coupable... Elles devaient, après la féconde gestation du moyen-âge, s'épanouir dans l'institution moderne de la réhabilitation.

§ 2. — Ancien droit français.

Il ne faut pas s'attendre à trouver trace d'institutions bien définies, bien rigoureusement délimitées, pendant cette période de notre histoire qui va des premiers temps de la monarchie mérovingienne jusqu'au XIVe siècle.

C'est l'époque de transition entre le monde antique et la civilisation moderne : les éléments fatigués, exténués de la société romaine se sont combinés avec les éléments puissants et vivaces des peuples barbares : la foi chrétienne a été le lien : c'est un conflit continuel entre les coutumes féroces des uns, la décomposition raffinée des autres et les idées saintement révolutionnaires du christianisme. La puissance, d'ailleurs, est émiettée ; tout se mêle, rien ne se distingue : c'est la fusion d'où sortira la civilisation moderne.

Signalons seulement, dès les premiers temps de la monarchie franque, des mesures d'amnistie [1] et de grâce [2].

De réhabilitation, pas trace : l'idée de la vengeance dominait ce qu'il serait peut-être exagéré d'appeler la législation pénale.

Dans leur existence de rudes combats, les chefs, pour avoir un soldat de plus, prenaient le temps de faire grâce, et étendaient aussi loin que leur caprice le voulait, les effets de leur clémence.

La grâce pouvant donc effacer toutes les conséquences de la peine, c'était bien une sorte de réhabilitation : mais elle gardait son caractère de mesure de clémence ; elle était presque toujours individuelle et exceptionnelle. On a pu dire que « la réhabilitation découlait de la grâce [3] ».

1. Grégoire de Tours, lib. VI, cap. XXIII.
2. Duboys, *Histoire du droit criminel des peuples modernes* p. 388.
3. Legoux, *Du droit de grâce*.

7

C'est vers le XIV° siècle que ces idées de grâce et de réhabilitation commencent à se distinguer l'une de l'autre. Le grand XIII° siècle a poussé jusqu'à l'excès le besoin de la clarté et de la classification. Une ère d'épanouissement pour toutes les idées de justice commence.

On peut croire que l'institution de la réhabilitation en serait sortie constituée, telle que les idées chrétiennes l'avaient préparée, et telle que notre époque la connaît.

Mais le XIV° siècle a été le siècle de · la renaissance du droit romain et de l'influence prépondérante des légistes. Malgré tout leur génie elle ne fut pas heureuse. En voulant appliquer à une société nouvelle, fondée sur des principes nouveaux, les lois du monde antique, en voulant faire du droit vivant d'institutions qui n'étaient plus que de l'histoire, ils ont tout déformé. Par l'esprit césarien — qu'ils ont fait renaître des ruines du monde romain — ils ont créé le pouvoir absolu, et faussé dans son esprit et sa destinée, la monarchie nationale.

Si, dans la matière qui nous occupe, les progrès ont été si lents, c'est à l'influence des légistes qu'il faut s'en prendre.

Nous voyons, en effet, dès le XIV° siècle, reparaître les mots d'indulgentia et de restitutio in integrum. Les principes surannés du droit romain sont remis en

vigueur. C'est le roi et le roi seul qui grâcie et qui
restitue.

Avec le temps les mots vont changer : mais l'esprit reste le même.

La clémence royale s'exerce par :

1° Les *lettres de rémission*, qui paraissent se rattacher à la grâce et qui sont accordées en cas de
meurtre involontaire ou commis en état de légitime
défense.

2° Les *lettres de commutation de peine*. Elles sont
souvent délivrées, à la suite de services rendus au roi
par le condamné : c'est encore une variété de la grâce.

3° Les *lettres de pardon* ;

4° Les *lettres de rappel de ban* ;

5° Les *lettres de rappel des galères* ;

Tous actes de clémence ayant encore le caractère
de la grâce.

6° Les *lettres d'abolition* générale et individuelle,
qui produisaient les effets de l'amnistie.

7° Enfin les *lettres de réhabilitation*, sur lesquelles
nous devrons insister : elles effacent l'infamie qui
résulte des peines de grand criminel, et les incapacités dérivant de cette infamie.

L'ancien droit français connaissait donc la grâce,
l'amnistie et la réhabilitation.

Les sept sortes de lettres que nous venons d'énu-
mérer furent réglementées par la fameuse Ordon-

nance de 1670 (titre XVI). Les commentateurs les
divisèrent en deux catégories : les lettres de justice
ou grâces légales, et les lettres de grâce proprement
dites, cette dernière catégorie différant de la première en ce que l'ordonnance ne limitait pas stricte-
ment les cas dans lequels elles pouvaient être délivrées.

Les lettres de réhabilitation étaient classées dans
les lettres de grâce proprement dites.

Ce n'est pas à dire cependant qu'elles pussent
toujours être délivrées sans examen et par le pur
caprice du roi.

Les Ordonnances décidèrent tout d'abord que les
lettres de pardon ne seraient pas délivrées dans les
cas particulièrement graves, comme le duel ou l'as-
sassinat (déclaration de 1571).

L'usage amena d'autres progrès. La délivrance des
lettres de réhabilitation fut presque toujours subordonnée au paiement de l'amende prononcée et des
dommages-intérêts envers la partie civile. Si les lettres
étaient accordées avant l'accomplissement de ces
conditions, l'effet en était suspendu jusqu'à leur
exécution [1]. Tout cela, sans doute, n'était pas obligatoire : mais, quoique dépourvu de sanction légale, le
progrès existait.

---

1. Rousseau de Lacombe, *Matière criminelle*, p. 520.

Les lettres de grâce, y compris celles de réhabilitation, furent d'ailleurs bientôt soumises à une procédure très rigoureuse et très étroite, sur laquelle nous aurons à revenir, dans le cours de cette étude.

On peut donc dire qu'au XVIIᵉ siècle, la réhabilitation des condamnés existait, avec les caractères que nous lui avons assignés. C'est encore bien vague, bien indécis ; d'immenses progrès sont à faire ; la philosophie du XVIIIᵉ siècle va les préparer : le mouvement réformateur de 1788 et 1789, par lequel, brisant les étreintes de l'absolutisme que les légistes avaient forgé autour d'elle, la France revenait à toutes les traditions de sa monarchie nationale, achèvera la réforme. Le droit pénal va être purifié : les lois seront faites pour l'homme : la réhabilitation du coupable sera désormais l'une des plus attachantes préoccupations du législateur.

§ 3. — Droit intermédiaire.

1789 marque la date d'un admirable mouvement politique et social : il y eut alors comme une halte entre deux civilisations différentes. Ce fut le printemps du monde. On ne reverra jamais pareille fédération d'âmes toutes renouvelées s'élançant ensemble vers la lumière, la justice et la liberté. Les héros de cette épopée morale virent grand : ils eurent le tort — l'excusable tort — de vouloir faire

vile. L'évolution a pu devenir révolution ; leur œuvre a pu être déshonorée par les excès : l'immortalité a pu faire faillite aux principes qu'ils ont proclamé avec une enfantine grandeur ; n'importe : l'âme humaine a vécu, en ces inoubliables jours, des heures exquises : nous ne pouvons noter les erreurs et les fautes, qu'avec une sorte de respect attendri.

Les législateurs des premiers jours de la Révolution séparèrent nettement la réhabilitation de la grâce. La première devait être une véritable institution légale, soumise à des règles fixes, à des formalités déterminées, organisée de façon à provoquer, à faciliter, à récompenser l'amendement du coupable. Ils estimaient avec *Beccaria*[1] « que les peines n'ont pas été établies dans l'unique but de tourmenter un être sensible, mais de mettre le coupable dans l'impossibilité de commettre de nouveaux délits envers la société » et qu'une fois la peine subie, le coupable repentant avait droit à une aide, à un encouragement lui permettant de reconquérir sa dignité sociale.

Ces réformes trouvèrent leur réalisation dans le Code pénal du 25 septembre 1791.

La réhabilitation fut réglementée, mais la grâce fut supprimée[2] et ce fut une faute. Les constituants

---

1. Beccaria, *Des délits et des peines*, chap. xv.
2. L'amnistie a été certainement maintenue dans tout le cours du

avaient tort de ne voir dans les prérogatives de la
couronne que des droits au profit du roi. L'art. 13
du Code de 1791 allait trop loin. L'adoucissement
des peines, l'établissement du jury, ne justifient pas
cette suppression. Il y a bien des cas où l'amnistie
n'est pas possible, où la réhabilitation ne s'expliquerait pas, et où la clémence cependant est encore
de la justice.

La réhabilitation, au contraire, fut maintenue: et
son organisation rationnelle, fondée sur les idées
de relèvement du coupable, furent l'objet des préoccupations des constituants. Le rapporteur du Code de
1791, Lepelletier de Saint-Fargeau, exprime en termes élevés, l'esprit qui présidait à cette réforme :
« Appelons [1], disait-il, par nos institutions, le repentir dans le cœur du coupable: qu'il puisse cesser d'ê-
tre méchant par l'intérêt que vous lui offrez d'être
bon; après qu'une longue partie de sa vie passée dans
les peines aura acquitté le tribut qu'il doit à l'exemple, rendu à la société, qu'il puisse encore retrouver
son estime par l'épreuve d'une bonne conduite sans
reproche, et mériter qu'un jour la patrie efface de son

droit intermédiaire, quoique l'art. 13 du Code de 1791 supprime les
lettres d'abolition. Cette expression est employée au sens où l'entendait
l'ordonnance de 1670 qui ne voulait désigner que les abolitions individuelles et ne réglementait aucunement les abolitions générales.
Aussi, les amnisties furent-elles nombreuses dans la législation intermédiaire.

1. *Moniteur* du 23 mai 1791.

front jusqu'à la tache d'un crime qu'il aura suffisamment expié. » Et traçant dans quelques lignes le pro-
gramme de toutes les réformes à venir : « Il faut ajou-
tait-il, abolir tout ce qui peut donner aux peines un
caractère de perpétuité, tout ce qui voue un coupable
au désespoir, le désespoir, la plus barbare des puni-
tions, la seule peut-être que la société n'ait pas le droit
d'infliger. »

Le principe de la réhabilitation ainsi précisé, les
réformes nécessaires s'en induisaient facilement.

Récompense du repentir, qu'une bonne conduite
persévérante avait manifesté, la réhabilitation devenait un véritable droit pour les condamnés : il fallait
donc choisir pour la prononcer une autorité capable
d'apprécier facilement et sans soupçon d'arbitraire la
situation morale du coupable repentant. Il fallait préciser les conditions destinées à éclairer cette autorité.
Une réglementation rigoureuse de la compétence et
de la procédure s'imposait.

Ce fut l'œuvre du législateur de 1791. Quelles qu'en
aient été les imperfections, c'est dans le Code pénal
de la Constituante qu'est la source moderne de tous
les progrès ultérieurs.

Nous avons vu que l'idée de la réhabilitation était
fort nette et fort exacte dans l'esprit du législateur :
son inexpérience vint en fausser singulièrement l'application.

Nous verrons, dans la suite de cette étude, à quelle confusion de tous les pouvoirs judiciaires et municipaux aboutissait l'organisation de la réhabilitation par la Constituante. Le législateur de 1791 semble s'être fait une âme toute nouvelle pour apprécier les idées les plus anciennes : et dans son œuvre entière on retrouve cette profusion d'images, ce besoin de solennités extérieures qui caractérise les peuples primitifs. Sous leur plume si naïvement emphatique, la réhabilitation devient une sorte de seconde naissance morale : l'acte qui la constate, un *baptême civique :* les officiers municipaux y officient comme pontifes de la loi nouvelle, les corps élus y répondent comme parrains. De là, une publicité exagérée, une telle solennité donnée à la réparation de la faute, que le souvenir peut-être effacé du crime en renaît plus vivant que jamais. L'exagération de cette idée de renaissance morale et de cette puissance lustrale du *baptême civique* va si loin, qu'à jamais abolie la condamnation antérieure n'aura aucune importance désormais, au point de vue de la répression plus sévère des récidives possibles. C'eût été un réel danger et comme une prime accordée à leur hypocrisie momentanée, si la publicité et la longueur des formalités requises n'avaient pas éloigné de la réhabilitation l'immense majorité des condamnés.

Cette réglementation défectueuse avait rendu si

innefficace l'institution de la réhabilitation qu'on en vint à en contester absolument le principe, et à en demander la suppression.

La discussion d'un projet de Code d'instruction criminelle qui eut lieu en 1804 au Tribunat est, à ce point de vue, fort intéressante.

M. Regnauld fit notamment remarquer que le désir de revenir au bien devait être bien rare chez des condamnés que plusieurs années de bagne avaient achevé de pervertir. Leur retour dans la société était toujours un danger, même avec la surveillance de la haute police : en leur rendant, avec leur entière dignité sociale, la liberté de leurs actes, la réhabilitation accroissait singulièrement ce péril. Et M. Regnauld appuyait son opinion sur le très petit nombre de réhabilitations accordées depuis le Code de 1791.

Ces critiques eussent dû s'appliquer plutôt à l'organisation qu'au principe même de la réhabilitation.

Le petit nombre des réhabilitations avait d'ailleurs des causes particulières, comme, par exemple, le rétablissement du droit de grâce par le senatus-consulte du 16 thermidor an X (4 août 1802).

Le principe prévalut cependant et la réhabilitation des condamnés trouva sa place dans le Code de 1808.

§ 4. — Droit moderne.

Les reproches, dont Regnauld s'était fait l'interprète au Tribunat, en 1804, se renouvellent dans la discussion du Code d'instruction criminelle. Et — détail à noter — le ministre de la justice est à la tête des partisans de la suppression de la réhabilitation. « Elle est inutile, dit-il, lorsque les peines sont temporaires. De plus, la réhabilitation, loin d'être avantageuse au condamné et à sa famille, renouvèle le souvenir de son crime, sans lui rendre l'honneur : on ne commande à l'opinion ni par des lois, ni par des arrêts. »

La réponse était facile : elle fut victorieuse. S'il est vrai de dire que l'opinion ne se soumet pas, en matière d'honneur, aux lois et aux arrêts, il n'est pas moins vrai de penser que dans une législation qui maintient, après l'expiration de la peine, de nombreuses déchéances, la réhabilitation n'est pas inutile.

Plusieurs articles du nouveau Code furent consacrés à la réhabilitation.

Toutes les réformes ne furent pas heureuses.

Le rôle des autorités municipales était, sous l'empire du Code de 1791, trop important et surtout trop solennel. Ç'avait été une erreur de leur confier le droit de statuer sur les demandes en réhabilitation : ç'en fut une autre, et plus grave, au point de vue du prin-

cipe, de confier ce droit au souverain : la nécessité d'un
avis des autorités municipales et judiciaires n'en at-
ténuait pas la portée.

La distinction absolue de la grâce et de la réhabilitation disparaissait : c'était le retour à l'ancien régime.

Cette réforme fut critiquée ; voici en quels termes
Réal essaya de la justifier : « L'accusé, dit-il, est
quitte envers la loi, mais la tache d'infamie lui reste ;
il est retenu dans les liens d'une incapacité dont il faut
le débarrasser. Dans ces conditions, il est évident
que la réhabilitation ne peut être confondue avec la
remise ou la commutation de peine, mais elle s'y
rattache parce que le *prince seul* peut effacer la tache
d'infamie imprimée par la condamnation et faire cesser les incapacités produites par ce jugement. D'un
autre côté, puisqu'il n'est plus question du droit de
grâce et de son application pure et simple, puisqu'il
s'agit de la reconnaissance d'un droit acquis, les tribunaux ne peuvent rester étrangers à l'instruction qui
doit précéder le jugement : il a donc fallu, dans cette
matière mixte de sa nature, admettre le concours des
tribunaux, en réservant le recours au prince. Les mêmes
principes ont déterminé la nature et les formes de l'instruction qui doit précéder les lettres de réhabilitation.

La Constituante, qui avait aboli le droit de grâce, avait
substitué à la sanction du prince l'intervention des
tribunaux, mais le juge n'était appelé que pour don-

ner une forme légale à l'avis de la municipalité par un entérinement qu'il pouvait refuser. Cette procédure où la municipalité prononçait véritablement le jugement était inconvenante : le projet n'a pu l'admettre ; l'ancienne forme répugnait également à la nature des choses, ainsi qu'aux formes admises dans l'exercice du recours à la commisération de Sa Majesté. Le projet présente une instruction simple où les municipalités jouent un rôle convenable : leur attestation nécessaire, indispensable, sera la base de la procédure. »

Réal, on le voit, se tient dans des généralités singulièrement vagues. Il est facile d'affirmer qu'une matière est « mixte de sa nature. » On a beau jeu de qualifier « d'inconvenante » une procédure que personne ne songeait à défendre. Il eût mieux valu, — mais c'était impossible, — essayer de prouver que le pouvoir arbitraire du souverain se conciliait avec l'idée rationnelle de la réhabilitation que les constituants de 1791 avaient eu l'honneur de proclamer. Nous retrouvons, dans la législation de 1808, l'influence néfaste des idées césariennes — triste legs du droit romain, mal chronique de notre pays.

Ce fut là, la principale réforme du Code de 1808 : on voit ce qu'il convient d'en penser.

Telle est l'influence des idées fausses, qu'en 1823, on voulut tirer argument de cette analogie créée par le code d'Instruction criminelle, pour soutenir que le roi pouvait accorder la réhabilitation, sans observer les formalités requises, ou, qu'en d'autres termes, il pouvait faire porter à la grâce les effets de la réhabilitation. Nous aurons à revenir sur cette opinion inexacte : elle était la conséquence directe de l'erreur des législateurs de 1808.

Cette législation surannée a duré soixante-dix-sept ans : c'est la loi du 14 août 1885 qui, sur ce point, a rétabli l'application des vrais principes.

Mais de nombreuses réformes de détails avaient été faites.

Les modifications apportées au Code d'instruction criminelle par la révision de 1832, furent, en ce qui concerne la réhabilitation, de peu d'importance : nous n'avons pas à y insister dans cette étude historique. Le caractère arbitraire de la réhabilitation était maintenu.

Nous ne saurions considérer comme un progrès le décret du 18 avril 1848, qui supprimait l'avis des tribunaux, et transportait du chef de l'État au ministre de la justice le droit de statuer sur les réhabilitations : les garanties d'impartialité sont d'autant plus grandes que l'autorité à laquelle est remis un pouvoir arbitraire, est plus haute.

La loi du 4 juillet 1852 fit faire à l'organisation de la réhabilitation de sérieux progrès, sur lesquels nous aurons à revenir dans le cours de notre étude : le champ d'application de cette institution fut étendu, la procédure simplifiée : mais la réforme essentielle, celle qui eût enlevé à la réhabilitation son caractère arbitraire ne fut pas entièrement accomplie. Ce fut un défaut de logique : le rapporteur avait cependant bien vu le caractère de la réhabilitation lorsqu'il disait [1] : « Quand la religion offre au repentir des espérances consolantes, la loi humaine peut-elle être impitoyable?.. La réhabilitation présente au criminel un appât pour devenir meilleur : elle lui donne une espérance et un avenir. » C'est bien là le caractère exact de la réhabilitation, mais cette espérance, cet avenir devaient être un droit pour le condamné : ils restèrent dans une certaine mesure une faveur. On accomplit bien une demi-réforme, en décidant que l'avis contraire des tribunaux pouvait empêcher la réhabilitation : et cette disposition n'avait pas été adoptée sans discussion : mais c'était encore insuffisant.

La loi de 1885 marque le retour absolu aux vrais principes.

La lecture des travaux préparatoires nous montre que la pensée du législateur a été surtout d'aider au relèvement du coupable, en faisant de la réhabilitation un droit concédé à son repentir. La réglementation du patronage, l'institution de la libération condition-

1. *Moniteur* du 4 mai 1852.

nelle, donnent à cette loi son véritable caractère. Le
coupable est encouragé, soutenu, protégé.

C'est une loi profondément humaine, et qui forme
un singulier contraste avec la loi sur la rélégation des
récidivistes votée quelques mois auparavant. Le rapporteur de la loi du 14 août 1885 a bien marqué cette
différence. « La loi sur la rélégation, dit-il, prépare
une répression à outrance et a pour fin l'exil perpé-
tuel du coupable ; la loi sur la libération conditionnelle,
le patronage et la réhabilitation s'inspirant de senti-
ments plus généreux, plaçant la miséricorde au-dessus
de la justice, s'occupe du relèvement moral. »

La loi du 14 août 1885 est donc une loi de progrès : elle a consacré les réformes antérieures, elle
les a coordonnées. En donnant à l'autorité judiciaire
le droit de statuer souverainement sur les réhabilitations, elle donne au condamné repentant un maximum de garanties.

En simplifiant les formes de procédure, en en éten-
dant libéralement les effets, elle rend la réhabilitation
désirable. On pourra désormais améliorer l'institution : mais les principes sont bien posés : tout ne sera
pas à refaire.

Nous nous sommes attaché, dans cette étude historique, aux caractères généraux des réformes accomplies depuis le jour où le principe de la réhabilita-

tion a été nettement formulé dans notre législation.

L'étude des modifications de détail — conditions, procédure, effets, — est tout aussi intéressante. Elle trouvera naturellement sa place dans les chapitres qui vont suivre. Nous nous attacherons moins à analyser le mécanisme actuel de la réhabilitation — il est fort simple et les formulaires ne manquent pas — qu'à rechercher dans la philosophie du droit et dans la jurisprudence le comment et le pourquoi des divers progrès accomplis. Un premier chapitre a été plus particulièrement consacré à l'histoire, mais notre étude tout entière sera surtout historique : c'est, croyons-nous, la manière la plus intéressante et la plus féconde d'envisager le droit criminel.

CHAPITRE II

DES CONDAMNATIONS QUI PEUVENT DONNER LIEU A LA
RÉHABILITATION

Le Code pénal de 1791 a, pour la première fois,
nous l'avons vu, assigné des règles précises à la réhabilitation. Il n'est pas cependant inutile de remonter
plus haut dans l'étude des origines de notre droit actuel sur le point particulier qui nous occupe. L'antiquité, notre ancien droit, ne nous ont offert que des
institutions ayant avec celle-ci de simples ressemblances de détail, mais toutes basées sur l'idée de clémence
et de faveur. Tous les exemples d'ἀμνῆστια que nous
avons empruntés au droit attique, tous les cas de *restitutiones*,[1] dont le droit romain nous a fourni des
exemples, abolition de l'infamie, rappel de l'exil, n'a-

1. Nous n'employons ici ces mots ἀμνῆστια et *restitutio* que dans un
sens général et sous la réserve des observations présentées au chapitre précédent.

vaient trait qu'à des condamnations très sévères, entraînant de graves déchéances.

Quoique, sous l'Empire, le caprice du prince ait été
à peu près la seule règle de ces *restitutiones*, c'était
encore presque toujours l'exil que l'empereur voulait
faire cesser. La loi Julia *De ambitu* [1], d'autre part,
en décidant que le citoyen condamné à mort pour
ambition pouvait être *restitué*, s'il dénonçait un autre citoyen coupable du même crime [2] ; les empereurs
Valentinien, Théodore et Arcadius, en refusant toute
restitutio, toute *indulgentia* aux condamnés pour *sacri-
lège, inceste, parricide* ou autre crime atroce [3] semblent décider implicitement qu'à Rome, la *restitutio
damnatorum* ne s'appliquait généralement qu'aux condamnés pour crimes graves.

On classait les peines, dans notre ancien droit, en
trois sortes différentes :

1° celles qui n'entraînaient, après leur exécution,
aucune incapacité;

2° Celles qui rendaient infâme.

3° Celles qui frappaient le condamné de mort civile.

Les lettres de réhabilitation, ayant pour effet principal de faire cesser les déchéances qui survivaient à

1. L. I, § 2, D., *De leg. Jul. ambit.*
2. Ce texte parle bien de *restitutio in integrum*. En réalité, il s'agissait plutôt d'une *indulgentia*, puisque la peine n'avait pas été subie.
3. L. 3, C., *De episc. audient.*

l'expiration de la peine, ne s'appliquait pas assurément à la première classe de peines.

Elles n'étaient accordées qu'aux individus condamnés aux peines que nous appelons aujourd'hui infâmantes.

Ce ne fut qu'après de vives controverses que la réhabilitation fut accordée aux condamnés frappés de mort civile. On se l'explique facilement. Nous avons vu que, sur ce point comme sur bien d'autres, le roi avait imposé des limites à son pouvoir arbitraire. L'exécution de la peine était devenue une condition nécessaire de la réhabilitation. Or, la mort civile — et si nous insistons sur cette question, c'est qu'elle continuera à se poser dans notre droit moderne jusqu'en 1854 — ne s'attachait qu'à des peines perpétuelles. On ne pouvait donc jamais dire que le condamné avait intégralement subi sa peine : sa réhabilitation était impossible.

Ce système, très-logiquement juridique, fut longtemps soutenu par les auteurs. L'opinion contraire cependant, finit par prédominer. On invoqua, pour justifier cette dérogation aux règles inflexibles de la logique, une sorte d'effet rétroactif par lequel la réhabilitation aurait effacé les déchéances encourues. C'é-

1. Rousseau de Lacombe, *Matière criminelle*, p. 510.
2. Jousse, *Traité de justice criminelle*, t. II, p. 414.
3. Pothier, *Proc. crim.*, sect. 7.

tait une pétition de principe : la réhabilitation ne peut effacer les déchéances que si la peine a été subie : or, dans notre hypothèse, la mort seule du condamné met fin à l'exécution de la peine. En réalité, le roi commençait par faire grâce : il réhabilitait ensuite. Ces deux opérations, distinctes dans leur essence, étaient souvent confondues en fait.

C'était une violation des principes : mais c'était un progrès. On peut dire qu'à la fin de l'ancien régime, la réhabilitation était accordée à tous les condamnés, aux peines du *grand criminel*.

Le Code de 1791 fit porter sur d'autres points ses importantes réformes. En ce qui concerne les condamnations susceptibles d'être effacées par la réhabilitation, il se borna à enregistrer les progrès déjà acquis.

Il n'y eut pas d'exception pour le cas de récidive.

Le Code d'instruction criminelle de 1808 et le Code pénal de 1810 forment, malgré leur date différente, un tout complet dans l'œuvre grandiose de codification entreprise par le premier consul.

Notre Droit pénal moderne divise les peines en trois classes ;

1° Peines de simple police ;

2° Peines correctionnelles ;

3° Peines criminelles.

La réhabilitation ne s'appliquait ni aux premières ni aux secondes.

Pour les peines de simple police, rien de plus juste : elles n'entraînent pas d'incapacité : l'opinion publique n'y attache aucune portée morale.

Pour les peines correctionnelles, il n'en était pas de même. Le Code pénal faisait résulter de certaines d'entre elles de graves déchéances, se prolongeant parfois pendant toute la vie du condamné. L'art. 171 du Code pénal, par exemple, après avoir édicté un emprisonnement de deux à cinq ans contre le comptable public coupable de détournements inférieurs à *trois mille francs*, ajoutait : «.... le condamné sera de plus déclaré à jamais incapable d'exercer aucune fonction publique. » L'art. 175 prononçait la même déchéance contre le fonctionnaire coupable de s'ingérer dans des affaires incompatibles avec sa qualité.... Voilà des hypothèses peu importantes, sans doute, mais dans lesquelles la réhabilitation eut offert de grands avantages. Les condamnés des art. 171 et 175 du Code Pénal étaient au moins aussi intéressants que les condamnés du grand criminel : leur relèvement moral en tout cas devait être présumé plus facile.

Il aurait donc fallu modifier en ce sens l'art. 619 du Code d'Instruction criminelle, lors de la promulgation du Code pénal.

En ce qui concernait les peines criminelles, le Code

de 1808 fut plus sévère que celui de 1791. « Le condamné pour récidive, dit l'art. 634, ne sera jamais admis à la réhabilitation. » Le motif de ce changement, — était-ce bien une réforme, — est ainsi donné dans les travaux préparatoires : « Cette faveur ne saurait être due à un homme aussi endurci dans le crime. »

Il y aurait eu lieu, croyons-nous, d'établir quelques distinctions entre les divers cas de récidive et quelques degrés dans la sévérité. Une législation plus libérale n'aurait pas été dangereuse : la possibilité de refuser la réhabilitation aurait été un correctif suffisant.

Sauf l'hypothèse de la récidive, « tout condamné à une peine afflictive et infamante...... pourra être réhabilité » (art. 619, § 1).

L'article posait comme condition — nous aurons à revenir ultérieurement sur ce point — l'exécution de la peine.

Cette règle excluait, sans controverse possible, les condamnés aux peines perpétuelles, qui entraînaient aussi la *mort civile* : la peine ne pouvait être intégralement subie du vivant du condamné. C'était un recul sur les progrès accomplis par l'ancien régime.

On alla plus loin encore dans la restriction : de ce que l'art. 619, § 2, en fixant le délai passé lequel la réhabilitation pouvait être demandée, ne parlait que des travaux forcés, de la réclusion, ou de la peine du carcan, on dut conclure que pour le condamné au banissement et à la dégradation civique, la réhabilitation n'était pas possible.

Sous l'empire du code d'instruction criminelle de 1808, la réhabilitation ne s'appliquait qu'aux condamnés à des *peines criminelles temporaires afflictives et infamantes.*

Toutes les peines perpétuelles et les peines simplement infamantes la rendaient impossible.

Le Code de 1808 laissait donc, au point de vue qui fait l'objet de ce chapitre de notre étude, la voie ouverte aux plus grands progrès.

Il fallait permettre l'obtention de réhabilitation :

1° aux condamnés à des peines perpétuelles ;

2° aux condamnés à des peines infâmantes ;

3° aux condamnés à des peines correctionnelles entraînant des déchéances et des incapacités [1].

La loi de 1832, qui opéra la révision du Code d'instruction criminelle, réalisa entièrement la première de ces réformes et partiellement la seconde.

Elle décida que la réhabilitation peut être accordée : « à tout condamné qui a subi sa peine ou qui a obtenu, soit des lettres de commutation, soit des lettres de

[1]. Si nous ne parlons ici que des condamnations correctionnelles entraînant des déchéances et des incapacités, c'est que la réhabilitation n'était pas encore utile pour les autres. C'est l'institution du casier judiciaire et l'abus qu'on en a fait qui ont rendu l'extension de cette réforme à toutes les condamnations correctionnelles impérieusement nécessaire.

grâce ». C'était étendre fort heureusement la réhabilitation aux condamnés à des peines perpétuelles.

Pour les condamnés à des peines infâmantes seulement, la réforme fut incomplète. La loi de 1832 rem-
plaça le carcan par la dégradation civique, et permit
au condamné à cette dernière peine de demander sa
réhabilitation. Mais le bannissement resta soumis à la
règle ancienne. On pouvait cependant, sur ce point,
élever quelques doutes. Le bannissement entraînait
la dégradation civique : pourquoi celle-ci, que la réhabilitation effaçait comme peine principale, eut-elle été
indélébile comme peine accessoire ? et si elle était
effacée comme déchéance résultant du bannissement,
pourquoi celui-ci aurait-il subsisté?.. Mais ce ne sont
là que des doutes, l'opinion contraire prévalut.

La réforme devait donc être complétée en ce qui
concernait les condamnés à des peines criminelles :
elle restait tout entière à accomplir pour les condamnés correctionnels, et elle devenait chaque jour plus
nécessaire. Plus nombreuses en effet devenaient sans
cesse les condamnations correctionnelles entraînant
des déchéances et des incapacités. Citons, entres autres, la loi du 22 mars 1831 (art. 13) qui exclut de la
garde nationale les citoyens condamnés pour certains
délits, la loi du 18 juin 1832 (art. 5 et suiv.) interdisant
la tenue d'écoles à certains condamnés [1], etc. etc.

1. Voir aussi L. 21 mars 1832 (art. 2) qui porte, pour certains con-

L'extension de la réhabilitation devenait donc urgente.

Les commentateurs et les tribunaux essayèrent d'abord de suppléer au silence de la loi. On essaya, par un argument a *fortiori* tiré de la réhabilitation des condamnés criminels d'en étendre le bénéfice à certains condamnés correctionnels. D'accord avec un avis du conseil d'État du 15 janvier 1831, la Cour de cassation (15 janvier 1839) rejeta cette doctrine assurément inadmissible.

La réforme était d'ordre législatif : le gouvernement de juillet la tenta : un premier projet qui offrait ce caractère remarquable qu'il laissait subsister, même après la réhabilitation, l'incapacité de tenir école fut rejeté par la Chambre des pairs, en 1843. Un second projet, présenté en 1845 à la Chambre des députés, n'eut pas plus de succès. On invoquait toujours le même motif — et il était bien peu topique et bien inexact, — à savoir, qu'admettre la réhabilitation pour les peines correctionnelles, ce serait leur donner un caractère infamant. Pour être logiques, les nobles pairs auraient dû supprimer toutes les déchéances et incapacités résultant de ces condamnations.

Une circonstance particulière rendait la réforme encore plus nécessaire : la loi de révision de 1832 per-

damnés, interdiction de servir dans l'armée. (Antérieurement, loi du 28 avril 1816, art. 83), portant incapacité d'être agent de change ou courtier.

mettait d'accorder les circonstances atténuantes en matière criminelle : il en résultait parfois qu'une peine correctionnelle était substituée à une peine criminelle, afflictive et infamante : de telle sorte que, de deux personnes condamnées pour le même crime, celle-là ne pouvait jamais être réhabilitée, qui était considérée comme la moins coupable.

Le décret du 10 avril 1848 d'abord, la loi du 3 juillet 1852 ensuite, réalisèrent le double progrès qui restait à accomplir : c'est-à-dire l'extension de la réhabilitation à tous les condamnés à des peines infamantes et aux condamnés à des peines correctionnelles entraînant des déchéances et des incapacités.

L'extension de la réhabilitation au cas de bannissement résulta non pas du texte de la loi, mais des travaux préparatoires. Il fut entendu, contrairement à l'opinion jusqu'alors admise, que la dégradation civique, accessoire à cette peine, pourrait, comme la dégradation civique peine principale et pour les mêmes motifs (il n'y a, dit le rapport, aucune raison de distinguer) être effacée par la réhabilitation. La réhabilitation fut également étendue par la même loi (art. 620 modifié) aux condamnés à la surveillance de la haute police. Cette innovation fut très-vigoureusement combattue dans l'assemblée. On fit remarquer que la surveillance de la haute police n'entraînait pas une véritable incapa-

cité, puisque le condamné conservait ses droits civils
et politiques. Au fond, cette surveillance constituait
une véritable déchéance : le condamné n'était plus libre de ses mouvements, et cette surveillance implacable le signalait sans cesse à l'attention et au mépris
de ses concitoyens.

Pour les peines correctionnelles, le texte est formel : la réhabilitation peut les effacer.

La réforme était complète : et nous croyons pouvoir
affirmer qu'au moment où la loi du 3 juillet 1852 était
promulguée, la réhabilitation, encore bien imparfaite,
nous le verrons, au point de vue de la procédure, avait
atteint le degré d'extension le plus large possible.

Sans doute, les condamnations de simple police et
les condamnations correctionnelles n'entraînant pas
de déchéances ou d'incapacités étaient exclues du bénéfice de cette institution.

Dans l'état de la législation, en 1852, cette exclusion était justifiée.

On essaya cependant de la combattre.

Les condamnations correctionnelles, disait-on,
même lorsqu'elles n'entraînent pas de déchéances ou
d'incapacités, frappent le condamné d'une véritable
·déchéance morale, il lui importe donc de pouvoir s'en
relever : seule la réhabilitation peut le lui permettre.

C'était là une grave erreur de principe. Sans doute,
la réhabilitation a pour but et peut avoir pour effet le

relèvement du coupable ; mais elle concourt à ce relèvement, non pas en proclamant honorable et pur celui que la justice avait antérieurement flétri, mais bien en effaçant les signes extérieurs de cette flétrissure ; la loi ne peut pas aller plus loin : la justice ne peut ravir l'honneur au condamné, que si sa décision est d'accord avec l'opinion publique ; elle ne peut le lui rendre contre son gré ; toutes deux sont faillibles d'ailleurs.

Étendre la réhabilitation aux condamnations n'entraînant ni déchéance, ni incapacité, c'eût été donc faire sortir cette institution de son champ d'application normale.

La loi de 1852 ne l'a point fait : les travaux préparatoires ne laissent aucun doute à cet égard ; la réhabilitation restait ce que l'art. 632 du Code d'Inst. crim. l'avait faite, un moyen légal de faire cesser les incapacités légales.

On essaya cependant de faire sortir du texte même de la loi de 1852, le système contraire ; et cette doctrine peu juridique, trouva sa confirmation dans un arrêt de la Cour de cassation du 27 avril 1865[1].

Disons bien vite que la date de cet arrêt l'explique parfaitement.

Ce qui, antijuridique en 1852, était alors inutile, devenait, en 1865, nécessaire. Une institution nouvelle

---

1. Cass. 27 avril 1865 ; — Sirey, 1865, I, 289 ; — Voir dans le même sens Garraud, *Dr. crim.* p. 632 ; — Billecoq, *De la réhabilitation*, p. 14.

était née, sans existence légale, il est vrai, mais très
utile à la fois, et très dangereuse : c'est le *casier judiciaire*.

Le casier judiciaire a été créé par la circulaire ministérielle du 5 novembre 1850[1].

Cette institution répondait à une nécessité réelle. Il
importait, en effet, non seulement au point de vue de
la répression de la récidive, mais aussi au point de vue
de l'appréciation exacte de la situation morale d'un
coupable, de connaître ses antécédents judiciaires. Le
législateur s'en était constamment préoccupé, et de
tous les temps ; mais les moyens qu'on avait em-
ployés étaient ou barbares, ou insuffisants ; il fallait
inventer un mécanisme d'information sauvegardant à
la fois et la discrétion dûe au coupable repentant et la publicité restreinte aux nécessités d'une
bonne administration de la justice.

Tel fut le but originaire et tel a été, en principe,
l'effet de l'institution du casier judiciaire. Elle consiste essentiellement dans la localisation, soit au
greffe du tribunal de l'arrondissement natal, si le
condamné est Français et si son origine est connue,
soit au ministère de la justice, s'il est étranger, né

---

1. C'est M. Bonneville de Marsangy (*De la nécessité de localiser, à
l'avenir, au greffe de l'arrondissement natal, tous les renseignements
judiciaires concernant chaque condamné*, 1848) qui a été le promoteur
de l'institution.

aux colonies ou si son origine est inconnue, de toutes les condamnations criminelles ou correctionnelles, concernant chaque condamné.

Chaque fois qu'un individu est poursuivi, le ministère public demande un extrait du casier d'arrondissement ou du casier central ; cet extrait est négatif, ou porte toutes les condamnations criminelles et correctionnelles encourues.

L'extrait de son casier judiciaire est aussi délivré à tout individu qui en fait la demande. C'est fort légitime ; car cette communication peut permettre, plus efficacement que tous les certificats, de prouver sa bonne conduite passée. Les plus graves abus en ont cependant résulté. Les administrations publiques et privées, les particuliers ont exigé de tous ceux qui sollicitaient un emploi, la communication de l'extrait du casier judiciaire ; c'est devenu, dans un très grand nombre de cas, la condition *sine quâ non* du contrat de louage d'ouvrage. Or l'inscription au casier est, de sa nature, perpétuelle ; de telle sorte qu'une légère condamnation correctionnelle, prononcée pour un délit bien souvent excusable, pesait, grâce au casier, sur tout le cours d'une longue vie, et punissait, en dehors de tout texte de loi, le coupable de déchéances de fait perpétuelles [1]. On peut donc dire que par

1. Ces inconvénients du casier judiciaire préoccupent actuellement les criminalistes. De très intéressantes discussions ont eu lieu à ce

l'institution du casier, toutes les condamnations correctionnelles entraînaient la nécessité d'une réhabilitation possible.

Cette situation n'existait pas, en 1852 ; lors des travaux préparatoires de la loi de révision, l'institution dont nous esquissons les grands traits, naissait
à peine ; elle n'était pas entrée dans le courant des
habitudes sociales ; rien ne faisait prévoir le parti
qu'en tirerait le grand public.

Mais peu à peu son cadre s'élargit, et l'on peut dire
que toutes les condamnations sont devenues perpétuelles par leurs effets.

La Cour de cassation se trouvait en présence de
cette situation nouvelle.

La critique que nous devons faire cependant de son
arrêt, perd beaucoup de sa portée.

La Cour suprême invoquait bien des motifs à l'appui de la doctrine à laquelle elle donnait l'assentiment
de sa haute autorité.

Elle invoquait d'abord — et sur ce point nous l'a-

sujet, notamment au sein de la *Société Générale des Prisons* (voir le
Bulletin de cette société, numéros de mai et juin 1887, février 1888).
On a proposé soit le refus absolu de l'extrait du casier judiciaire à
l'intéressé, soit une sorte de prescription de l'inscription, après un certain nombre d'années. Ces solutions ne sont pas sans présenter des
inconvénients. Il est certain que l'institution du casier judiciaire,
complétée qu'elle est aujourd'hui par les progrès de l'anthropométrie,
a une importance capitale. L'heure serait venue de lui donner une
existence légale, autrement que par des textes indirects, et de soumettre son fonctionnement à une réglementation rigoureuse.

vons réfutée d'avance — la nécessité de relever tous les condamnés de la flétrissure morale résultant de la condamnation.

La généralité des termes de l'art. 619, modifié par la loi de 1852, lui fournissait argument ; le texte parlait des *condamnations correctionnelles*, sans en excepter aucune ; or, c'est le plus grand nombre qui n'entraîne point d'incapacité ; les termes généraux de la loi excluent chez le législateur l'idée de n'avoir voulu désigner que le plus petit nombre. La réhabilitation, d'ailleurs, est à la fois favorable au condamné et à la société ; elle doit donc être étendue plutôt que restreinte. — Cette argumentation tombe devant les travaux préparatoires, et devant l'idée même de la réhabilitation que nous avons exposée plus haut.

Le texte de l'art. 632 n'embarrasse pas la Cour suprême ; elle n'y voit pas la définition de la réhabilitation, mais une simple indication de ses effets. L'effet produit par la réhabilitation d'un condamné à une peine n'entraînant pas de déchéance légale, n'y est pas compris ; mais il n'en est pas exclu : ce sera un effet anormal peut-être, mais non impossible.

On peut croire que tous ces arguments — sur la valeur desquels l'illusion n'était pas possible — ne servaient à la Cour suprême qu'à amener et à entourer le vrai motif, le motif bien explicable de sa décision : l'inscription de la condamnation au casier judi-

9

ciaire, par l'usage et par l'abus qui en est fait, constitue pour le condamné la plus cruelle et la plus
irréparable des déchéances. Et cette considération,
qui permet à la Cour de cassation d'écarter logiquement de la réhabilitation les condamnés à des peines
de simple police, est, en effet, très puissante.

Oui, cette inscription au cahier judiciaire, cette
perpétuité assurée ainsi aux conséquences des peines les plus légères, est une déchéance, et crée de véritables incapacités. Et l'on comprend quel intérêt
poignant ont pu inspirer à la Cour de cassation des situations pareilles.

Nous ne pouvons pas cependant nous ranger à son
opinion.

Ces incapacités, ces déchéances résultant du casier
judiciaire ne sont pas en effet des incapacités, des
déchéances légales. Le casier judiciaire lui-même
n'avait pas d'existence légale ; c'était encore une institution de police, un moyen de renseignement, pas
autre chose [1].

La Cour de cassation s'était donc, croyons-nous,
trompée en droit [2] : mais elle avait nettement indiqué

1. Cette considération avait frappé l'esprit toujours en éveil de
Mgr Freppel. Aussi, s'opposait-il, dans la discussion de la loi du
14 avril 1885, à ce qu'on parlât du *casier judiciaire*. C'était, disait-il,
et non sans raison, introduire subrepticement, sans discussion sérieuse, dans la loi, une institution très importante, créée par de simples règlements ministériels.

2. Voir dans le sens opposé à l'arrêt : Dutruc, note 5, 1865, S. I. 189 ;

la nécessité d'une réforme complète ; c'est pour ce motif que nous avons insisté longuement sur cet arrêt.

Cet arrêt ne fut pas d'ailleurs sans entraîner de sérieuses difficultés d'application. Jusqu'à quelles limites fallait-il étendre la réhabilitation ? Était-il nécessaire, pour l'accorder, que l'honneur du condamné ait été atteint ? La Cour d'Aix décida, le 11 août 1869 [1], que la réhabilitation ne pouvait pas être demandée pour un délit de chasse, la considération du coupable, dit la Cour, n'ayant pas été atteinte. Et ce motif — bien dangereux au fond, puisqu'il met le juge dans la nécessité d'interroger et d'interpréter l'état actuel de l'opinion, — vaut assurément les motifs invoqués par la Cour de cassation.

Les doutes n'existent plus aujourd'hui ; l'opinion de la Cour suprême a reçu la sanction législative dans la loi du 14 août 1885.

La réhabilitation efface désormais toutes les condamnations correctionnelles, même celles qui n'entraînent pas d'incapacité.

Les travaux préparatoires sont très clairs à ce sujet. Le premier rapport fait à la Chambre le dit textuellement : « Les condamnations correctionnelles n'en-

---

— Trebution, *Dr. crim.*, 2ᵈ édit , par Guillouard et Laisney ; — Deshayes, t. I, nᵒ 755 ; — Sarraute, *De la réhab.*, nᵒ 36. Colmar, 12 avril et 26 juillet 1861 et 1862, S. 2, 31.

1. Aix, 11 août 1869, D. 71, 5, 329.

traînent aucune incapacité ; si l'on s'en tenait aux termes de la loi (de 1852), la réhabilitation serait sans effet pour cette catégorie de condamnés ; l'art. 643 nouveau revient aux vrais principes qui dominent la matière. »

De même, le 22 mars 1884, à un honorable sénateur qui demandait la suppression des mots : « *efface la condamnation* », le rapporteur répondait : « Déclarer que la réhabilitation n'était que le relèvement des incapacités encourues par le fait de la condamnation, c'était tout simplement priver de la possibilité de la réhabilitation un très-grand nombre de condamnés. En effet, les condamnés à des peines légères et qui n'emportent aucune privation de droits, n'ayant à réclamer contre aucune incapacité encourue, n'avaient rien à demander à la réhabilitation ; l'individu frappé d'une amende n'avait pas davantage à y recourir. C'était proscrire assurément les plus intéressants et les plus dignes. »

La Cour de Toulouse a déjà fait, le 21 déc. 1887 [1], une intéressante application de la nouvelle règle, en réhabilitant une personne qui avait été condamnée à une amende de dix francs pour une infraction à la loi sur les épizooties. Cette condamnation assurément n'entraînait de déchéance ni légale, ni morale [2].

1. Toulouse, 21 décembre 1887, S. 88, II, 13.
2. Nous n'approuvons, bien entendu, que les motifs de l'arrêt de la

En ce qui concerne les peines criminelles, le législateur de 1885 n'avait pas de progrès à accomplir ; et si nous en parlons, c'est uniquement pour dire que la surveillance de la haute police a été supprimée par la loi du 27 mai 1885, et remplacée par l'interdiction de résidence. Comme la surveillance de la haute police, celle-ci peut être levée par la réhabilitation.

Nous pouvons donc nous rendre compte des progrès accomplis : l'idée de la réhabilitation des condamnés a germé : elle s'étend désormais à toutes les réhabilitations criminelles et correctionnelles.

Mais, dans l'étude que nous venons d'essayer de ces progrès successifs, nous avons dû, pour ne pas entraver la marche des faits, laisser de côté l'influence de la récidive sur la réhabilitation. Ici encore, nous aurons à constater le triomphe de l'esprit de sages réformes.

Le Code de 1791, nous l'avons vu, n'avait pas exclu les récidivistes de la réhabilitation et le Code de 1808 était revenu sur cette disposition généreuse. Ces deux solutions, diamétralement opposées, correspondent à merveille à l'esprit différent des deux législations. C'est la logique de leurs principes poussée jusqu'à l'excès.

Cour. La décision, en elle-même, est répréhensible. Dans l'espèce, en effet, la peine avait été abaissée au-dessous de seize francs. Ce n'était plus qu'une peine de simple police.

La loi de 1852 commença la réforme. Le législateur de 1808 s'était fondé sur cette idée fort juste que la récidive témoignait d'un réel endurcissement dans le crime ; le législateur de 1852 ajoutait non moins justement que cette présomption d'endurcissement devait tomber devant un repentir énergiquement manifesté.

La récidive des délits est d'ailleurs le plus souvent moins grave que la récidive des crimes. La règle sévère, qui s'expliquait sous un régime écartant de la réhabilitation les condamnés correctionnels, ne se justifierait plus sous le régime nouveau.

Aussi le projet de loi revenait-il purement et simplement aux principes de 1791, et autorisait-il, sous les conditions de droit commun, la réhabilitation des récidivistes. Cette disposition fut très violemment combattue ; les uns demandaient le maintien de la règle de 1808 ; d'autres proposèrent une transaction, qui fut adoptée : seuls, furent exclus du bénéfice de la réhabilitation, les condamnés en état de récidive légale pour crimes, c'est-à-dire ceux qui avaient été condamnés deux fois, et pour crime, la première fois.

A côté du cas de récidive doit se placer celui d'une condamnation encourue après la réhabilitation : l'article 634 déclarait une seconde réhabilitation impossible : la loi de 1852 respecta cette disposition.

Une réforme cependant s'imposait : « *Septies enim cadet justus et resurget*, » dit l'Écriture [1].

Et l'on sait combien fatal est souvent l'entraîne-ment d'une première faute à une seconde ! Les réci-divistes sont coupables ; mais de quelle pitié sou-vent ils sont dignes ! La société est si dure au misé-rable ; les vices cachés ont de si atroces cruautés pour les fautes découvertes ! Le récidiviste est condamné, c'est la loi ; mais la société serait coupable si elle n'essayait pas de le ramener au bien avec d'autant plus de générosité qu'il en est plus éloigné.

La loi du 14 août 1885 a accompli cette réforme. Plus d'exclus ! Plus de terme fatal assigné au repen-tir ! Seules, les différences dans le délai — et c'est toute justice — distingueront les situations.

La réforme est humaine, généreuse ; ajoutons, pour rassurer les timides quand même, qu'elle ne présente aucun danger ; on peut toujours refuser la réhabilitation.

Toutes les condamnations criminelles et correction-nelles sans exception laissent ouverts au condamné les horizons de la réhabilitation. Il n'y a plus de pro-grès à accomplir sur ce point.

---

1. Proverbes, XXIV, verset 16. — Nous croyons devoir en outre rappeler ici le texte suivant de l'Évangile : « *Accedens Petrus ad eum dixit : Domine, quoties peccabit in me frater meus et dimittam ei ? Usque septies ? Dicit illi Jesus : Non dico ibi septies, sed usque septuagies septies.* » (S. Mathieu, XVIII) versets 21 et 22.

On avait cependant proposé, en 1852, d'autoriser la réhabilitation des condamnés à mort ayant subi leur peine et des condamnés à d'autres peines, décédés avant d'avoir été réhabilités.

On invoquait la situation si digne d'intérêt d'enfants souvent irréprochables dans leur conduite, et victimes de la réprobation attachée aux crimes de leurs parents.

Cette idée fut rejetée et avec raison. Elle reparaîtra cependant : les idées absurdes sont immortelles.

Ce qu'on demande, c'est, en réalité, la réhabilitation des vivants condamnés et non celle des morts. Comment d'ailleurs le condamné à mort a-t-il pu, pendant le temps qui sépare la condamnation de son exécution, témoigner son repentir, autrement que par les manifestations de la dernière heure, qui ne regardent que sa conscience et Dieu ?

Toutes ces propositions procèdent d'une sensiblerie malsaine : les enfants sont victimes d'un préjugé social ; les lois n'y peuvent rien. Remarquons d'ailleurs qu'à mesure que les récentes découvertes sur l'influence physiologique et morale de l'hérédité et de l'atavisme sembleraient devoir transformer ce préjugé en vérité scientifique, ce préjugé disparaît peu à peu, grâce, le plus souvent, à la toute-puissance de l'argent. Les préjugés sociaux ne pèsent que sur les pauvres. Les annales de la Bourse et de la politique contiennent, à cet égard, de curieux renseignements.

Il ne peut guère y avoir de difficultés pratiques sur le point de savoir si une condamnation est ou non de nature à donner droit à la réhabilitation.

Il est facile de savoir si une peine est criminelle ou correctionnelle.

Il ne peut y avoir de doute que pour le cas où, saisi de la poursuite d'un délit, un tribunal correctionnel ne prononce qu'une peine de simple police. Le condamné peut-il, dans ce cas, demander sa réhabilitation ?

Si la question se posait, au point de vue de la théorie pure, la solution pourrait être délicate. Il faudrait rechercher dans les motifs de la décision de condamnation si le juge n'a appliqué la peine de simple police, que parce qu'il a reconnu à l'infraction le caractère d'une contravention ou que parce qu'il a décidé que la gravité du délit était diminuée par des circonstances atténuantes : dans ce dernier cas seulement, il devrait y avoir lieu à réhabilitation.

Mais le texte de l'article 634 nouveau, tranche la question : « *La réhabilitation, dit-il, efface la condamnation.* » C'est donc la condamnation qui ouvre le droit au condamné. Or, seules, nous l'avons vu, les condamnations correctionnelles et criminelles ont été visées par le législateur.

Les condamnations à des peines de simple police,

quelle qu'ait été l'inculpation primitive, ne sont pas portées au casier judiciaire....

C'est là, croyons-nous, la vraie raison de décider : c'est l'institution du casier judiciaire qui, en créant en fait pour tous les condamnés correctionnels de réelles déchéances, a rendu nécessaire l'extension de la réhabilitation à toutes les condamnations correctionnelles. Cette inscription sera le *criterium* qui permettra de résoudre toutes les difficultés de ce genre.

Faut-il nous arrêter à discuter le point de savoir si, par exemple, le témoin ou le juré défaillant condamnés à l'amende peuvent demander leur réhabilitation ? Assurément non : ce juré, ce témoin sont frappés d'une sorte de peine disciplinaire : mais il n'y a, quelle que soit la juridiction, ni condamnation criminelle, ni condamnation correctionnelle. La question, d'ailleurs, ne présentera jamais un intérêt pratique.

Il n'y a pas lieu, non plus, à réhabilitation pour le mineur de seize ans envoyé par la Cour d'assises ou le tribunal correctionnel dans une maison de correction : ce n'est là qu'une mesure de protection et non une condamnation.

La réhabilitation, avons-nous besoin de le dire, s'applique aussi bien aux condamnations prononcées par la juridiction militaire qu'à celles qui émanent de la juridiction civile. Les sévérités nécessaires de la justice militaire pour des faits qui, en soi, ont souvent fort peu d'importance, rendent le condamné particulièrement intéressant.

Elle est ouverte aux étrangers aussi bien qu'aux nationaux : les lois pénales sont de statut réel.

Nous n'avons pas à nous occuper ici de la réhabilitation organisée par la loi du 19 mars 1864, en faveur des notaires et autres officiers ministériels : il s'agit de peines disciplinaires : notre étude se borne au droit pénal. Nous aurons seulement à constater ultérieurement que toutes les règles de notre matière sont applicables.

CHAPITRE III

DES CONDITIONS DE LA RÉHABILITATION

La réhabilitation est la récompense du repentir du condamné, manifesté par sa bonne conduite.

Sa faute l'avait fait débiteur de la société pour le trouble apporté à son fonctionnement et de ses victimes pour le préjudice qu'il leur avait causé. La justice fixe les limites de cette dette envers l'une et les autres.

Il faut donc, pour arriver à la réhabilitation, avoir éteint cette double dette.

Le repentir se manifeste par la bonne conduite ; pour qu'on ne puisse pas le taxer d'hypocrisie, il faut qu'il soit méritoire : sa persévérance lui donnera ce caractère.

La loi doit donc régler, rigoureusement et généreusement à la fois, les conditions auxquelles le condamné sera considéré comme ayant éteint toute dette née de sa faute.

Elle doit fixer, sans exagération, le délai passé lequel la bonne conduite persistante sera considérée comme un gage de persévérance dans l'avenir. Pour qu'elle puisse être sérieusement constatée, certaines conditions de résidence devront être exigées avec tous les tempéraments que rend nécessaires la situation sociale de certains condamnés.

Paiement de la dette, preuve de la bonne conduite : telles sont les deux idées auxquelles doivent se rattacher toutes les conditions exigées pour la réhabilitation.

Il en était autrement, on le pense bien, dans le droit romain. Nous avons vu quel était le caractère — de politique ou de pur caprice — des institutions analogues à la réhabilitation.

Nous voyons bien au *Digeste* un fragment qui décide que l'empereur n'accorde pas la réhabilitation sans motif : « *Nemo potest commeatum remeatumve dare exuli nisi imperator ex aliquâ causâ* [1] ». Mais l'Empereur est seul juge de la valeur de ces motifs : et lorsqu'on sait dans quelles conditions et sous la pression de quels événements la plupart des empereurs se sont succédés sur le trône des Césars, on devine l'usage qui a dû être fait de ce pouvoir arbitraire.

1. L. 4, D., *De pœnis.*

Même absence de règle, en principe, dans notre ancien droit : les mauvaises traditions du droit romain revenaient sur ce point. Mais nous avons vu que le pouvoir royal lui-même avait réagi, et que le paiement préalable de la dette du condamné envers la société et envers la partie lésée avait fini par être exigé pour la délivrance des lettres de réhabilitation.

C'est seulement à partir de 1791 qu'on impose au condamné postulant sa réhabilitation, l'accomplissement de diverses conditions, se rattachant aux deux ordres d'idées que nous avons signalés. Nous aurons à constater les divers changements plus ou moins heureux apportés successivement par les lois qui ont régi notre matière.

Mais nous croyons intéressant — au point de vue historique — de dire ici quelques mots d'une controverse, sans portée pratique aujourd'hui, qui donna lieu, sous la Restauration, à d'ardentes discussions.

Sous l'empire du Code de 1808, la réhabilitation émanait du souverain : mais elle était soumise à des règles rigoureusement édictées par la loi.

Le souverain avait, d'autre part, — et bien entendu sans condition — le pouvoir de faire grâce.

On se demanda si le droit absolu de grâce n'entraînait pas le droit de réhabiliter sans conditions, si, en d'autres termes, le roi ne pouvait pas faire produire à la grâce les effets de la réhabilitation.

La thèse était absurde : elle fut condamnée par un avis du conseil d'État du 8 janvier 1823. « La prérogative royale, dit-il, ne s'étend pas jusqu'à dispenser les citoyens des obligations qui leurs sont imposées en vertu de lois maintenues par la Charte, et dont ils ne pourraient être relevés que par la puissance législative. »

C'était évident : et l'opinion contraire était obligée de soutenir qu'il existait deux sortes de réhabilitation, l'une créée par la loi, l'autre par le bon plaisir du roi.

Hâtons-nous de dire que le conseil d'État ne poussait pas à des conclusions d'une logique courageuse les prémisses qu'il avait si bien posées. Il décidait que la grâce accordée après le jugement, mais avant son exécution, effaçait les incapacités résultant de la condamnation, et par suite rendait la réhabilitation inutile. C'était décider — ce qui est faux — que les déchéances et incapacités résultent de l'exécution du jugement et non du jugement lui-même. C'était créer, contrairement à la loi, deux espèces de grâce ou deux espèces de réhabilitation.

Cette question ne présente plus qu'un intérêt purement historique : nous allons maintenant aborder, dans deux sections, l'étude des conditions de la réhabilitation.

SECTION PREMIÈRE

Exécution ou jugement de condamnation.

Nous réunissons sous cette rubrique l'accomplissement de la peine corporelle et le paiement des sommes dûes à l'Etat ou aux particuliers.

Ces conditions, aujourd'hui nécessaires pour la réhabilitation, ont subi, depuis 1791, des fortunes diverses.

Si l'accomplissement de la peine corporelle a toujours été exigé, il n'en a pas été de même du paiement des sommes dûes à l'Etat où à la partie lésée.

Bien des progrès sur ce point ont déjà été accomplis : mais la logique n'a pas présidé à tous ceux que nous aurons à constater.

Le jugement qui le condamne inflige au coupable la peine, met à sa charge les frais de la poursuite, et peut l'obliger à indemniser la partie lésée du préjudice que le crime ou le délit lui a causé.

Nous allons étudier successivement en quoi doit consister l'exécution du jugement :

1° En ce qui concerne la peine,

2° En ce qui concerne les frais dûs à l'Etat,

3° En ce qui concerne les réparations dues à la partie lésée.

Mais nous allons voir que la loi n'a pas suivi tou-

jours cette classification logique : elle a distingué ce
qui devait être réuni, et réuni parfois ce qui devait
être distinct.

§ 1er. La peine.

La peine infligée au condamné peut être ou corporelle ou pécuniaire, ou présenter les deux caractères à la fois, ou l'un et l'autre seulement. L'amende
peut donc être prononcée où seule, ou accessoire-
ment à une peine corporelle.

Mais, quel que soit son caractère, elle est toujours
une peine : et, au point de vue de la réhabilitation, il
n'y aurait dû avoir, semble-t-il, pour l'amende
comme pour la peine corporelle qu'une seule et même
règle.

Il n'en a rien été cependant. Il semblerait que le
législateur a presque toujours perdu de vue le caractère pénal de l'amende, et l'ait assimilée — ce qui ne
peut pas se justifier [1] —, à la réparation dûe à la partie
lésée. Nous comprenons certes que pour le paiement
de l'amende, parfois impossible à un indigent, la loi
se montre très large, et admette toutes sortes d'équi-
valences : mais le principe a été méconnu : et cette erreur a entraîné d'étranges confusions.

---

1. Nous ne parlons pas, bien entendu, des amendes en matière de
contributions indirectes. Et encore, sur ce point, l'esprit fiscal de la
Cour de cassation l'entraîne-t-elle à de singulières contradictions.

Etudions donc séparément :

1° la peine corporelle.

2° l'amende.

1° La *peine corporelle.* — Le principe est toujours resté le même : le condamné doit l'avoir intégralement subie pour arriver à la réhabilitation.

Le Code de 1791 et celui de 1808 sont d'accord sur ce point.

Nous avons vu que la révision de 1832, pour arriver à admettre au bénéfice de la réhabilitation les condamnés à des peines perpétuelles, assimila à l'accomplissement de la peine l'obtention de lettres de grâce ou de commutation. On peut donc concevoir la réhabilitation d'un condamné à mort, si le chef de l'Etat a commué sa peine en une peine temporaire. La remise de la peine par la grâce ne fait donc pas obstacle à la réhabilitation [1].

La prescription de la peine, au contraire, ne saurait équivaloir à son exécution. La première manifestation du repentir du condamné, c'est le paiement de sa dette envers la société : la prescription n'est jamais qu'un moyen fort peu honorable de payer ses dettes. — Nous verrons, qu'en matière d'amende, on s'est départi de cette règle salutaire : c'est une singulière anomalie.

La peine doit donc, sauf le cas de grâce ou de com-

1. Paris, 5 avril 1853, S. 53, 2, 293.

mutation, avoir été intégralement subie : le condamné qui s'est évadé, doit, pour arriver à la réhabilitation, se constituer de nouveau prisonnier, et achever sa peine : mais comme son évasion l'a rendu de nouveau passible d'une condamnation, il se trouvera dans une situation particulière sur laquelle nous aurons à revenir dans le cours de notre étude.

La libération conditionnelle, organisée par la loi du 14 août 1885 équivaut, bien entendu, à l'exécution de la peine. Elle pourra seulement donner lieu à quelques difficultés, que nous aurons à étudier, pour le calcul des délais.

2° *L'amende*. — Il serait peut-être plus conforme à l'esprit qui a dirigé le législateur d'étudier en même temps les règles concernant le paiement de l'amende, des frais judiciaires et des dommages-intérêts : il a presque toujours confondu ces trois choses, pourtant bien distinctes. Nous préférons cependant — ne fût-ce que pour mieux faire sentir l'imperfection de la loi — conserver dans notre étude la distinction imposée par la logique et par la nature même des choses.

Le projet du Code de 1808 indiquait catégoriquement le paiement de l'amende comme une des conditions de la réhabilitation : et Réal, dans son rapport, est très-explicite sur ce point. Le texte définitif n'en parle plus : c'est certainement une omission involontaire, car les travaux préparatoires ne laissent pas trace d'une discussion à ce sujet.

Ce fut une erreur très-regrettable : la réhabilitation doit être la récompense de la bonne conduite : elle ne doit pas procurer au condamné, au détriment de la société, des avantages matériels.

La loi de 1852, et la loi de 1885 sont revenues au vrai principe : le condamné doit justifier du paiement de l'amende.

La remise de l'amende par la grâce équivaut au paiement. Le condamné qui a subi la contrainte par corps est considéré comme ayant payé l'amende.

Sous le régime de la loi de 1852, la prescription de l'amende ne libérait pas le condamné au point de vue de la réhabilitation ; et c'était justice. Les raisons qui ont fait adopter ce principe pour les peines corporelles s'appliquent très exactement à l'amende.

Qu'arrivait-il, lorsque la réhabilitation était demandée, et que l'amende était prescrite ? La chancellerie permettait d'acquitter l'amende. Cette solution, très-équitable en fait — puisque sans elle la réhabilitation n'aurait pas été possible — était, en droit, très critiquable. L'amende, est, en effet, une peine, au même titre que la réclusion, l'emprisonnement etc., etc. Admettrait-on un condamné, après la prescription de la peine, à purger, sous prétexte de réhabilitation, une condamnation à l'emprisonnement ? Assu-

rément non : pourquoi alors établir arbitrairement
une règle différente pour l'amende ? On a dit, sans
doute, qu'après la prescription l'amende reste dûe à
titre de dette naturelle, que le Trésor pouvait accepter le paiement. C'est déplacer la question ; l'amende
est une peine, et les peines prescrites ne s'exécutent
pas.

Nous ne voudrions pas cependant critiquer d'une
façon absolue la pratique de la chancellerie. Si la
prescription d'une peine corporelle suppose nécessairement chez le condamné l'énergique volonté
d'échapper à l'exécution de sa dette et l'habileté la
plus grande mise au service de sa volonté, si elle
comporte presque toujours la fuite à l'étranger, il
n'en est pas de même de la prescription de l'amende.
L'inaction du fisc l'amène la plupart du temps : et
cette inaction s'explique souvent par l'état précaire de
la fortune du condamné. On s'explique donc qu'en
cette matière, les principes d'humanité aient fait
échec à la logique rigoureuse du droit.

La question ne se pose plus maintenant. La loi de
1885 a attaché à la prescription les mêmes effets
qu'au paiement. C'est un tort, croyons-nous, et qui
provient d'une assimilation erronée entre la dette du
condamné envers la société et la dette envers la partie
lésée.

Le condamné qui n'a pas payé, qui n'a pas obtenu

sa grâce, et qui ne s'est pas soumis à la contrainte par corps [1] n'est pas souvent intéressant.

§ 2. Les frais de justice.

Le caractère des frais de justice est absolument différent de celui de l'amende. Ils ne sont pas une peine : la loi les met à la charge du condamné; son crime, sont délit ont mis l'État dans la nécessité de faire des dépenses pour arriver soit à sa découverte, soit à son châtiment. Le paiement de ces frais par le condamné est en quelque sorte une restitution : il y a ici une certaine identité entre cette dette envers l'État, et la dette des dommages-intérêts envers la partie civile.

Comme pour l'amende, le Code de 1808 omit de placer le paiement des frais au nombre des conditions exigées pour la réhabilitation.

La loi de 1852 revint aux véritables principes : le paiement préalable des frais de justice était la conditions nécessaire de la réhabilitation.

Le chef de l'État pouvait-il faire remise de ces frais ?

Il ne peut pas être question de grâce, puisqu'il ne s'agit pas d'une peine.

---

1. Il convient de signaler, en passant, une erreur de rédaction commise par le législateur de 1885. qui exige que la contrainte par corps soit subie pendant le temps *déterminé par la loi*. Ce n'est pas la loi, mais le juge qui fixe la durée de la contrainte par corps, dans les limites du maximum et du minimum fixées par la loi.

L'art. 652 (loi de 1852) parle bien d'une remise spéciale aux dommages-intérêts, et nous aurons à rechercher quel en était le caractère : mais il ne dit rien des frais de justice.

Le chef de l'État n'ayant d'autres droits que ceux qu'il tient de la constitution et de la loi ne peut donc pas remettre le paiement des frais judiciaires.

Le condamné n'avait donc, sous l'empire de la loi de 1852 que deux moyens de satisfaire sur ce point aux exigences de la loi : payer les frais de justice, ou subir la contrainte par corps ; la prescription n'était pas, à ce point de vue, libératoire.

Mais la loi du 22 juillet 1867 supprima la contrainte par corps pour les frais dûs à l'État.

Il en résulta que l'indigent, se trouvant hors d'état de payer les frais de justice, était à jamais privé du bénéfice de la réhabilitation.

La loi du 19 décembre 1871 a abrogé, sur ce point, la loi de 1867 : l'indigent put de nouveau, en subissant la contrainte par corps, satisfaire à cette condition de la réhabilitation.

La loi de 1885 a apporté, en ce qui concerne les frais de justice, deux modifications heureuses.

La première consiste en ce que la prescription est assimilée au paiement. Autant nous avons critiqué cette réforme en ce qui concerne l'amende, à cause de son caractère pénal, autant nous l'approuvons pour les frais de justice, à raison de leur caractère de dette civile : l'autorité chargée d'accorder la réhabilitation reste toujours maitresse d'examiner au fond si le condamné est excusable ou non d'avoir attendu l'échéance de la prescription sans payer sa dette : cela suffit pour répondre aux objections que les conséquences peut-être fâcheuses d'un principe certainement vrai auraient soulevées.

La seconde modification est tout aussi justifiée : l'indigent n'est plus obligé, pour demander la réhabilitation, de subir toujours la contrainte par corps : il lui suffit d'établir qu'il lui est impossible d'acquitter soit tout, soit partie des frais de justice.

§ 3. Les dommages-intérêts.

La réhabilitation constate la libération du condamné, à l'égard de tous ceux dont son crime ou son délit l'avaient fait débiteur. C'est ce qui explique que toute bonne loi sur la réhabilitation doit exiger l'extinction de sa dette envers la partie lésée.

Le Code de 1791 cependant n'en parle point. On se l'explique ; sous l'empire des idées généreuses qui bouleversaient alors le monde, la perception des intérêts particuliers était singulièrement faussée.

Comme pour l'amende et les frais de justice, le projet du Code de 1808 portait la nécessité du désintéressement de la partie lésée : mais par une inexpli-

cable omission, le texte définitif n'en parle point. La
situation créée par cet oubli était véritablement
scandaleuse ; elle dura cependant jusqu'à la loi de
1852.

Cette loi décida que le demandeur en réhabilitation
devait fournir la preuve du paiement ou de la remise
des condamnations pécuniaires prononcées contre lui.
Ces condamnations pouvaient, à cette époque, entraî·
ner la contrainte par corps qui devenait ainsi, sous
certaines conditions, un mode d'extinction des obligations qui en résultaient.

On avait voulu — un amendement fut présenté dans
ce sens —- exiger le paiement effectif des condamnations pécuniaires : il fallait, disait-on, soumettre la
réhabilitation à des conditions assez sérieuses pour
rendre indiscutable la sincérité du repentir du condamné. Le rapporteur répondait avec raison : « On ne
doit pas accorder la réhabilitation au coupable qui
offre le spectacle d'une richesse mal acquise, mais il
ne faut pas la refuser au malheureux dont l'insolva-
bilité est attestée par la contrainte par corps. La victime d'un délit ne renoncera pas à ce moyen, tant
qu'elle conservera quelque espoir de se faire indemniser et on ne verra pas beaucoup de gens sacrifier
plusieurs années de liberté pour échapper au paiement
des dommages-intérêts. »

Le législateur accepta cette idée, et considéra la

contrainte par corps et la remise (nous aurons à nous expliquer sur ce point) comme équivalant au paiement des dommages-intérêts.

La prescription ne pouvait pas, en matière de réhabilitation, tenir lieu de décharge[1]. C'était une erreur législative ; la prescription éteint la dette à l'égard de la partie lésée, et c'est faire échec aux principes généraux du droit que de lui refuser son effet libératoire dans une matière particulière. On ne saurait en effet établir la moindre assimilation, à notre point de vue, entre la prescription de la peine et la prescription des dommages-intérêts. C'est pour ne pas perpétuer le souvenir du crime, et parce qu'après un certain laps de temps la peine ne serait plus ni exemplaire pour la société, ni moralisatrice pour le coupable, qu'un délai de prescription des peines a été établi. Laisser prescrire ne prouve nullement d'ailleurs que la société ait voulu abandonner une parcelle de ses droits ; elle a été impuissante, désarmée devant le fait, mais rien, dans son abstention, n'équivaut à un abandon volontaire de son droit. Tout autre est la prescription des dommages-intérêts : des motifs généraux qui ont dû, toujours et partout, décider le législateur à donner au laps du temps cette force libératoire, nous n'en retenons qu'un seul, mais il est topique en notre matière : il est si facile d'interrompre la

1. Paris, 5 avril 1853, S. 53, 2, 293 ; Paris, 5 juillet 1853, D. 54, 5, 468.

prescription, que le silence, l'abstention de la partie
lésée doivent équivaloir à un abandon formel — parfois bien justifié — de ses droits contre le condamné.
N'eut-il pas été dangereux, au point de vue social,
alors que l'oubli serait fait, de réveiller, à propos de
la réhabilitation, les querelles passées?

La loi de 1852 a donc violé, selon nous, les principes généraux du droit, d'accord sur ce point avec
l'utilité sociale, en ne considérant pas comme libé-
ratoires, en matière de réhabilitation, la prescription
des dommages-intérêts.

Il y avait cependant des situations vraiment intéressantes. L'article 420 du Code d'Instruction criminelle fournissait-il au demandeur en réhabilitation le
moyen d'y échapper par la preuve de son indigence?
On a décidé avec raison que ce n'était pas possible[1]:
les règles de la réhabilitation sont de droit étroit.

Une seule ressource restait au condamné que ni le
paiement, ni la contrainte par corps n'avaient libéré:
la *remise* dont parlait l'art. 652, ou la renonciation de
la partie lésée.

De la renonciation de la partie lésée nous n'avons,
on le comprend bien, rien à dire.

Mais en quoi consistait cette *remise*? C'était une
sorte de *grâce* qui ne libérait certainement pas le
condamné, à l'égard des tiers, mais qui effaçait uni-

1. Cass., 17 novembre 1871, S. 72, I, 149.

quement les conséquences spéciales de sa non-
libération, au point de vue de la réhabilitation.

C'était là, assurément, un accroc fait aux principes,
dans un intérêt d'équité : l'usage de ce droit pouvait
être fort dangereux.

Nous voyons bien maintenant en quoi pouvait consister, en 1852, l'extinction de la dette des dommages-
intérêts exigée pour la réhabilitation.

La décharge ou la renonciation de la partie lésée,
la contrainte par corps ou la remise spéciale de
l'art. 652 pouvaient opérer cette distinction.

C'était très simple, très net et très clair. Il semblait
qu'aucune difficulté d'interprétation ne pût se produire.

Le condamné est débiteur de la partie lésée, avons-
nous dit, et c'est la justice qui fixe les limites de sa
dette, et cette idée nous a paru si évidente que nous
avons donné pour rubrique à cette section de notre
étude ces mots : *exécution du jugement de condamnation*.

Une fausse interprétation de l'article 643, et ce
besoin qu'ont souvent les administrations publiques
de refaire la loi, amenèrent, sous l'empire de la loi
de 1852, cette monstrueuse conséquence que c'était
la partie lésée elle-même qui, longtemps après le
crime ou le délit, fixait arbitrairement et souverainement la réparation qui lui était dûe !

Le texte parlait de « dommages-intérêts auxquels
il a pu être condamné ». Il était clair, évident, que
le coupable pouvait parfaitement n'avoir pas été condamné à des dommages-intérêts : il était possible, en
effet, soit que la partie lésée n'ait pas cru devoir en
réclamer, soit qu'elle les ait touchés, en dehors de
tout jugement et sans quittance.

La chancellerie interpréta l'article comme si le
législateur avait écrit : « les dommages-intérêts auxquels *il aurait pu* être condamné ». Elle décida, —
et les Cours adoptèrent son avis, — que le demandeur
en réhabilitation devait rapporter un certificat de la
partie lésée constatant qu'elle n'avait rien à réclamer
au condamné.

C'était donc, en réalité, une autorité nouvelle, la
partie lésée, qui décidait souverainement de la réhabilitation ; elle pouvait, de son plein gré, soit refuser
le certificat, soit le faire payer cher. C'était l'organisation légale du chantage ; la victime, qui n'avait pas
jugé bon de réclamer jusqu'à ce jour le paiement de
dommages-intérêts quelconques faisait payer à la fois
et son silence passé et sa complaisance présente, et
l'on arrivait à ce résultat bizarre, mais bien digne
d'une pareille théorie, que, de deux coupables, celui
dont le crime plus atroce, le délit plus grave avait décidé la partie lésée à demander une réparation à la
justice finissait par être traité avec plus de faveur que

celui que le peu d'importance du préjudice causé avait
fait laisser indemne[1]. Il y avait certes des exceptions :
mais la cupidité, on ne le sait que trop, hélas ! est la
règle générale qui préside aux relations humaines.

La chancellerie ne s'arrêtait pas là, d'ailleurs, et
lorsque la partie lésée ne pouvait pas être retrouvée
ou était décédée sans héritiers connus (car les héritiers
eux-mêmes étaient conviés à cette curée au repentir),
le demandeur en réhabilitation était obligé de verser
entre les mains du trésorier d'un établissement de
bienfaisance une somme fixée par le Parquet. C'était
une addition arbitraire à la loi et l'abus pouvait en
être fâcheux ; il est si facile et si tentant de faire
grand avec l'argent des autres !

La loi de 1885 a fait cesser tous ces abus.

En dehors de la contrainte par corps, la prescription
équivaut au paiement des dommages-intérêts, — on
a vu que, sur ce point, nous applaudissons à cette réforme, — la *remise* spéciale peut en être accordée.
Enfin, les mots « *a pu être condamné* » ont été sup-
primés : la question ne se pose donc plus. Et pour le
cas où la partie lésée ou ses ayants-cause n'ont pas été
retrouvés ou refusent d'accepter le paiement sans
consentir décharge, le condamné (art. 623, § 6) fera

---

1. Ces abus sont très vigoureusement dénoncés par M. Gilbert Bou-
cher dans un discours très animé prononcé au Sénat dans la discussion de la loi du 14 août 1885 (*Journal officiel* du 2 avril 1888).

le versement à la Caisse des dépôts et consignations, et sera considéré, au point de vue de la réhabilitation, comme entièrement libéré. Si, au bout de cinq ans, la partie lésée ou ses ayants-droit n'ont pas retiré la somme, la Caisse des dépôts et consignations en opèrera le remboursement au réhabilité, sur sa simple demande[1].

Les diverses règles que nous venons d'analyser ne peuvent pas présenter dans la pratique de bien sérieuses difficultés d'application dans les situations ordinaires.

Mais deux cas peuvent se présenter, qui soulèvent des questions assez délicates : c'est, en premier lieu, le cas d'une demande en réhabilitation formée par une personne qui a été condamnée solidairement avec une ou plusieurs autres; c'est, en second lieu, celui d'une personne condamnée plusieurs fois et demandant sa réhabilitation, à raison d'une partie seulement des crimes et délits commis.

La première de ces hypothèses peut se rencontrer très fréquemment, puisqu'elle embrasse tous les cas de complicité. On sait qu'alors, si la peine corporelle est nécessairement personnelle, l'amende et la condamnation aux dommages-intérêts et aux dépens est toujours prononcée solidairement contre tous les complices.

1. V. circulaire du ministre de la Justice du 14 septembre 1885.

La question avait été posée, discutée ; les principes
généraux du droit sur la solidarité en avaient dicté la
solution ; le demandeur en réhabilitation devait apporter la preuve du paiement intégral des condamnations solidaires prononcées contre ses coauteurs, ses
complices ou lui.

Cette solution, conforme aux principes, ne satisfai-
sait pas toujours l'équité : imposer au demandeur en
réhabilitation le paiement de la part de ses complices,
c'était bien souvent rendre sa réhabilitation impossible.

La loi de 1885 a, sur ce point, encore introduit
une innovation heureuse, en permettant à la Cour
d'appel de « fixer la part des frais de justice, des
dommages-intérêts ou du passif qui doit être payée par
le demandeur ». Les termes mêmes de cette disposition semblent exclure l'amende, qui devrait toujours,
comme sous la législation antérieure, être entièrement acquittée. Peut-on dire qu'en ce mot « passif »
l'amende est comprise? Mais comment expliquer alors
que le législateur ait énuméré les frais et les domma-
ges? Quelque rigoureuse que puisse être la doctrine
qui exclut l'amende du bénéfice de cette disposition,
nous la croyons exacte. Il reste donc, sur ce point,
une réforme à accomplir.

La seconde hypothèse est fort intéressante. Un individu a été condamné deux ou plusieurs fois : mais

une ou plusieurs des condamnations dont il a été
frappé n'entraînent aucune déchéance, leur maintien
à son casier judiciaire est sans portée pour lui, il ne
demande qu'à être réhabilité de la condamnation entraînant des déchéances et des incapacités. Sera-t-il
obligé de prouver qu'il a exécuté toutes les peines et
satisfait à toutes les condamnations pécuniaires prononcées contre lui par les diverses décisions judiciaires dont il a été l'objet? Pourra-t-il, au contraire,
se contenter d'avoir rempli les conditions de la loi
pour la condamnation dont il demande à être réhabilité? On comprend tout l'intérêt de la question ;
elle a pu se poser du jour où, à tort selon nous, la
Cour de cassation a étendu, sous l'empire de la loi de
1852, le bénéfice de la réhabilitation à toutes les condamnations pécuniaires sans exception ; elle se posera
fréquemment sous l'empire de la loi du 14 août 1885.

Cet intérêt existe, non seulement au point de vue
de l'exécution des jugements de condamnation, mais
aussi — nous le verrons ultérieurement — au point
de vue des délais.

La Cour d'Orléans [1] a eu tout récemment — et
c'est la seule décision sur ce point que nous ayons
trouvée dans les recueils judiciaires — à statuer sur
la question. Elle a décidé que le demandeur en réha-

---

1. Orléans, 19 juillet 1887, S. 88, 2, 13. Voir dans le même sens
Gardeil, *Revue critique de législation*, 1889, p. 16.

bilitation devait justifier de l'exécution de toutes les condamnations prononcées contre lui, qu'elles entraînâssent ou non des déchéances, qu'elles entachâssent ou non sa réputation.

· L'espèce était cependant bien favorable au demandeur en réhabilitation. La condamnation dont il demandait à être réhabilité était une condamnation pour escroquerie, la seconde avait été prononcée pour délit de chasse : elle n'entraînait ni incapacité, ni — c'est du moins l'état actuel de l'opinion — flétrissure morale.

On pouvait, dans une certaine mesure, penser que l'exécution de cette dernière condamnation n'intéressait pas l'amendement du coupable.

Nous approuvons cependant sans réserves l'arrêt de la Cour d'Orléans.

La preuve du repentir du coupable doit être complète ; elle ne peut l'être s'il ne s'est pas soumis respectueusement à toutes les condamnations prononcées contre lui.

Comment d'ailleurs la justice pouvait-elle décider que telle ou telle condamnation entache ou non l'honneur et que sa non-exécution entraîne ou n'entraîne point présomption de repentir? Nous avons critiqué plus haut, à ce point de vue, un arrêt de la Cour d'Aix ; nous ne renouvelerons pas ces critiques. L'opinion publique est essentiellement variable sur ces questions d'honneur, et l'honneur social n'est qu'une opinion; la justice doit rester en dehors de ces incessantes contradictions.

La Cour d'Orléans a donc eu raison de décider que toutes les condamnations doivent être exécutées ; si la réhabilitation a pour résultat de rendre les droits perdus, c'est parce qu'elle est « la constatation de la régénération du délinquant. C'est une restitution morale ».

Nous pouvons résumer l'esprit de toutes les dispositions légales relatives à l'exécution par le condamné du jugement de condamnation, en disant qu'elles ont pour but d'assurer que son repentir est sincère et sa bonne conduite désintéressée.

SECTION II

Temps d'épreuve.

Pour mériter la réhabilitation, le repentir du condamné ne doit pas seulement être sincère : il doit être persévérant.

De là, nécessité d'un temps d'épreuve.

Le droit romain et notre ancien droit ne pouvaient pas, on le comprend, avoir cette exigence. La faveur du prince ne se mesure pas au temps ; le repentir du coupable tendait sans doute, en fait, à être de plus en plus une condition de la faveur du souverain, il ne l'était pas en droit.

La fixation de ce délai, la façon de le calculer feront successivement le sujet de notre étude.

Mais fixer un délai n'est pas suffisant : il faut à l'autorité qui prononce la réhabilitation le moyen de connaître la façon dont le condamné l'a passé. Il est donc nécessaire que des témoins compétents et impartiaux puissent être les garants de sa bonne conduite ; de là, et se rattachant au principe qui a nécessité la fixation d'un temps d'épreuve, destiné à prouver le repentir, certaines obligations de résidence, ayant pour but de préparer et de faciliter l'instruction de la demande en réhabilitation.

Nous étudierons dans trois paragraphes :

1° la durée du délai d'épreuve,

2° la façon de le calculer,

3° l'obligation de résidence.

§ 1er. Durée du délai d'épreuve.

Pour être parfaite, la durée du délai d'épreuve ne doit être ni trop longue ni trop courte. Ce truisme fait sourire : c'est dire que la fixation de ce délai est nécessairement très arbitraire et partant essentiellement variable.

Le Code de 1791 exigeait que dix ans se fussent écoulés depuis la libération de la peine.

Le Code de 1808 réduisit ce délai de moitié (art. 619).

La loi de 1852, en admettant au bénéfice de la réhabilitation certaines condamnations correctionnelles, apporta une innovation dans le délai d'épreuve : s'il resta de cinq ans pour les crimes, il fut réduit à trois ans pour les délits (art. 620).

Cette distinction fut fortement combattue dans la discussion de la loi de 1885. La commission de la chambre avait pris le délai de cinq ans comme délai uniforme pour les condamnés criminels et correctionnels. On invoquait le motif suivant à l'appui de cette innovation : c'est que certaines condamnations correctionnelles, quoiqu'entraînant des peines et des déchéances moins importantes que les condamnations criminelles, entachent, d'une manière souvent plus grave, l'honneur du coupable, et témoignent d'une plus profonde perversité. Cette remarque est fort juste en elle-même : mais c'est plutôt une critique de toute notre législation pénale qui semble, sur ce point, avoir été rédigée par des condamnés, puisque elle mesure la qualification plus ou moins sévère du fait, non pas à sa gravité intrinsèque, mais à la gravité de la peine. Supprimer la différence des délais eût été inharmonique. Aussi le Sénat maintint-il la distinction antérieure.

Que décider lorsqu'une commutation de peine a transformé la peine criminelle en peine correctionnelle ? Il nous semble évident que la grâce ne peut avoir d'effet sur la qualification de l'infraction, et partant sur le délai d'épreuve.

La loi de 1885 apporte une nouvelle distinction dans les délais. Elle a admis, on l'a vu, sans exception, au bénéfice de la réhabilitation tous les récidivistes et tous ceux qui ont commis de nouvelles infractions après une première réhabilitation. Elle devait établir pour eux des conditions plus sévères : c'était généreux, humain, de ne point fermer tous les horizons à leur repentir : mais les manifestations de ce repentir étaient en elles-mêmes suspectes.

Aussi le délai a-t-il été porté à dix ans pour les récidivistes et les réhabilités condamnés à une peine afflictive et infamante. Pour les récidivistes et les réhabilités qui commettent un délit, le délai est de six ans.

§ 2. Calcul du délai d'épreuve.

Le point de départ du délai est, en principe, le jour même de l'expiration de la peine. On comprend que le délai d'épreuve ne parte point du jour de la condamnation ; c'est en pleine liberté que le repentir du coupable pourra seulement être apprécié, jusque-là sa sincérité est évidemment suspecte, comme son désintéressement.

Le Code de 1791 (1re partie, tit. 7, art. 1) fixait, conformément à ce principe, le point de départ du délai.

Pour la dégradation civique et pour le carcan seulement, le délai courait du jour de la condamnation. Le caractère purement infamant de ces peines explique cette dérogation.

Nous retrouvons l'application des mêmes principes dans le Code d'instruction criminelle. L'art. 619, § 2, s'exprimait dans ces termes : « La demande en réhabilitation ne pourra être formée par les condamnés aux travaux forcés à temps ou à la réclusion que cinq ans après l'expiration de leur peine, et pour les condamnés à la peine du carcan que cinq ans à partir du jour de l'exécution de l'arrêt. »

La loi de 1832, en remplaçant le carcan par la dégradation civique maintint la même règle.

Les modifications apportées à ces règles par la loi de 1852 sont de fort peu d'importance. Pour le condamné à la dégradation civique, le délai court soit du jour à la condamnation est devenue irrévocable, soit du jour de l'expiration de la peine de l'emprisonnement, si elle a été prononcée en même temps. C'est aussi à partir du jour où la condamnation a été irrévocable, que court le délai au profit du condamné à la surveillance de la haute police.

Pour les peines correctionnelles, pas d'exception au principe qui porte au jour de l'expiration de la peine le point de départ du délai.

Lorsque le demandeur avait été, par suite de la

grâce ou d'une commutation de peine, dispensé de l'exécution de la totalité ou de partie de la peine, comment déterminer le point de départ ? La chancellerie admit que le délai courrait du jour de l'entérinement des lettres de grâce ou de commutation de peine.

Quand la peine consistait en une amende, deux hypothèses se présentaient ; ou bien le paiement avait lieu avant la prescription et dans ce cas le délai courait à partir de ce jour ; ou bien — par suite d'une pratique que nous avons critiquée — le paiement était effectué après la prescription, et dans ce cas la demande en réhabilitation pouvait être introduite immédiatement. C'était une solution un peu arbitraire ; il serait facile d'imaginer des hypothèses dans lesquelles elle aurait pu produire d'assez singuliers résultats ; mais la question n'a pas d'importance.

Sur tous ces points, sauf pour la grâce, cas dans lequel le délai court du jour de la mise en liberté du condamné, la loi de 1885 a adopté les principes que nous venons d'exposer rapidement.

Mais des innovations dans le système pénal ont fait naître des questions qu'il nous faut examiner. La surveillance de la haute police a été remplacée par l'interdiction de résidence, la loi du 5 juin 1875 a attaché certaines conséquences à l'emprisonnement individuel ; la libération conditionnelle a été créée ; enfin la loi sur la rélégation des récidivistes a modifié toute l'économie de notre système pénal; examinons les difficultés qui résultent de ces innovations.

1° Il faut appliquer à l'interdiction de résidence les règles de l'institution qu'elle remplace. Pas de difficulté à ce sujet.

2° La loi du 5 juin 1875 (art. 2) permet aux prisonniers de réclamer le régime de l'emprisonnement individuel [1]: dans ce cas, la durée de la peine est diminuée d'un quart. On pourrait peut-être soutenir que le régime de l'emprisonnement individuel n'a pas pour but de changer la peine, mais seulement d'en diminuer la durée matérielle et, qu'en conséquence, le délai du temps d'épreuve ne court qu'à partir du jour où la peine aurait dû expirer normalement. Ce serait, croyons-nous, une erreur : le régime de l'emprisonnement individuel a pour but d'empêcher la démoralisation du coupable par les promiscuités de la prison, et de remplacer, dans le châtiment qu'il subit, la durée par l'intensité. Ces motifs nous font donc penser — et la pratique l'a admis — que le délai court à partir de la libération effective du condamné.

3° La libération conditionnelle a pour but d'aider à la réhabilitation du coupable en encourageant immédiatement, avant même l'expiration de la peine, et d'une façon tangible, son repentir. Il est évident qu'en

1. En fait, par suite de l'insuffisance des locaux, cette loi ne peut être appliquée que dans un petit nombre de prisons.

principe le jour de la libération conditionnelle ne
peut pas être le point de départ du délai d'épreuve ; la
libération n'est que provisoire, la peine n'est pas subie. Mais la libération conditionnelle est devenue définitive : ne peut-on pas, dans ce cas, faire remonter le
point de départ au jour de la libération effective ? La
solution affirmative, très favorable au condamné, a
été soutenue[1]. Elle s'appuie sur des motifs qui ne
sont pas sans valeur. Le but de la libération conditionnelle, dit-on, c'est le relèvement du coupable. La
réhabilitation est la récompense, la consécration officielle de ce relèvement ; si, après le temps d'épreuve,
la libération conditionnelle devient définitive, est-ce
que, pour le laps écoulé, la démonstration du repentir
n'est pas faite ? La libération conditionnelle — et ceci
est hors de doute — n'appartient-elle pas à ce
groupe d'institutions, destinées à faciliter la réhabilitation ? Singulière façon de lui faire atteindre son
but, que de la laisser inefficace.

Malgré tout ce que ces arguments ont de saisis-
sant, nous ne croyons pas — à notre grand regret —
pouvoir adopter l'opinion qu'ils soutiennent. Les règles de la réhabilitation, comme celles de la libération conditionnelle sont de droit étroit ; or, l'opinion
que nous repoussons sort évidemment des termes de
la loi. La libération conditionnelle est d'ailleurs accor-

---

1. V. Brasseur, *De la réhabilitation.*

dée sous des conditions fort peu rigoureuses, et qui ne ressemblent guère aux sévères exigences de la loi pour la réhabilitation.

4° On sait que la loi du 27 mai 1885 a décidé que la plupart des récidivistes âgés de vingt-un à soixante ans seraient rélégués dans une colonie. Quoique certains défenseurs de cette innovation en aient voulu dire, la rélégation est bien une peine, et une peine terrible ; elle impose à perpétuité au condamné le séjour forcé dans les colonies, l'internement, le travail obligatoire[1].

C'est une peine accessoire ; l'application des textes nous conduit cependant à décider que la réhabilitation est en principe impossible, puisque la peine n'expire qu'avec la vie du condamné.

Donc, impossibilité pour le relégué d'être réhabilité, si la rélégation produit ses effets normaux ; il en est ainsi, notamment dans le cas même où le relégué est autorisé par le gouvernement (art. 17, loi du 27 mai 1885) à exercer sur le territoire de la colonie, tout ou partie de ses droits civils ; cette faveur ne peut être considérée que comme une grâce partielle.

Mais la rélégation peut cesser définitivement ou provisoirement.

---

1. Un arrêt de la Cour de Toulouse du 29 septembre 1888 (*Gazette des Tribunaux du Midi*, n° 469, 10 mars 1887), reconnaît indirectement ce caractère de peine à la relégation.

L'art. 15 de la loi du 27 mai, décide — et c'était
inutile — que la **grâce** peut dispenser de la **réléga**-
tion.

Dans ce cas, pas de doute possible : la peine est ex-
pirée ; le délai de la réhabilitation commence à courir.

Le relégué peut, en outre, dès la sixième année de
la relégation, introduire, devant le tribunal de la localité qu'il habite, une demande tendant à le faire relever de la relégation. S'il justifie de sa bonne conduite,
de services rendus à la colonisation et de moyens
d'existence, le tribunal peut accéder à sa demande ;
dans ce cas encore, la réhabilitation devient possible.

Enfin, la relégation peut être suspendue par la libération conditionnelle (art. 2, § 4, de la loi du 14 août
1885). Dans ce cas, les principes que nous avons exposés plus haut doivent recevoir leur application.
Mais les raisons humanitaires de douter sont moins
fortes ; si la libération conditionnelle a été permise en
matière de relégation, ce n'est pas seulement dans le
but d'aider au relèvement moral du relégué, mais
dans celui d'obvier un peu aux énormes difficultés
d'application que rencontre la loi du 27 mai 1885,
difficultés qui, nous l'espérons, ne tarderont pas à la
faire disparaître.

Nous devons signaler une difficulté, analogue au

premier abord, à celle dont la Cour d'Orléans nous a
donné la solution dans l'arrêt du 19 juillet 1887, que
nous avons analysé. Voici l'hypothèse : un mineur est
condamné correctionnellement ; traduit de nouveau à
raison d'un autre fait, devant la justice, il est acquitté
pour défaut de discernement, et renvoyé jusqu'à sa
majorité dans une maison de correction. Il sollicite
plus tard sa réhabilitation : le temps passé dans la
maison de correction compte-t-il comme temps d'é-
preuve ? Évidemment oui : car l'internement dans une
maison de correction n'est pas une peine : la jurisprudence et les auteurs sont formellement d'accord sur
ce point [1]. Comme on le voit, la question est tout autre que celle soumise à la Cour d'Orléans.

§ 3. Obligation de résidence.

La nécessité de s'assurer de la sincérité et de la
persévérance du repentir du condamné a obligé le législateur à faire précéder la réhabilitation d'un temps
d'épreuve. Mais comment connaître la façon dont le
condamné s'est conduit pendant ces quelques années?
Il faut permettre aux autorités, chargées de certifier
sur sa conduite, de porter un jugement éclairé. Les
autorités municipales ont toujours joué, à ce point de
vue, un rôle prépondérant.

1. Cass., 10 juin 1842, S. 42, I, 608. Chauveau Adolphe et Faustin
Hélie, *Code pénal*, 6ᵉ édition révisée par Villey, t. I, nᵒ 334.

Aussi trouvons-nous dans le Code de 1791 cette obligation de résidence. Le condamné devait avoir résidé dans la même commune pendant les deux années précédant la demande en réhabilitation. Le délai était peut-être un peu court : nous verrons que l'inconvénient de cette brièveté était conjuré par l'obligation de présenter des certificats de bonne conduite émanant des municipalités des diverses communes habitées par le condamné pendant les dix dernières années.

Le Code de 1808 ne reproduit pas cette dernière condition, mais l'obligation de résidence fut aggravée : les deux dernières années devaient toujours avoir été passées dans la même commune, et les trois précédentes dans le même arrondissement.

La même règle fut reproduite dans la loi de 1852 pour les condamnations correctionnelles, l'obligation des deux années de résidence dans la commune fut maintenue, mais la résidence dans l'arrondissement fut réduite à un an.

La loi de 1885 n'apporte aucun changement à ces règles : mais elle les adoucit au profit de certains condamnés forts intéressants. Les devoirs du service militaire, les nécessités de certaines professions pouvaient mettre certains condamnés — les moins coupables parfois — dans l'impossibilité d'arriver à la réhabilitation. Des certificats de leurs chefs ou de leurs patrons suppléeront pour eux au défaut de résidence.

Mais c'est là une dérogation au principe général : on ne saurait donc l'étendre. L'exception est d'ailleurs conçue en termes assez larges pour embrasser tous les cas dans lesquels le condamné aura réellement besoin d'user de la faveur de la loi.

On s'est demandé si l'obligation de résidence peut être accomplie à l'étranger : nous croyons devoir répondre affirmativement à cette question. La Cour d'appel aura à apprécier la valeur des certificats fournis par les autorités étrangères. Il serait vraiment étrange que, par ce temps d'expansion coloniale — et les meilleurs colonies sont les colonies pacifiques et commerciales que nous fondons chez les étrangers — les Français qui font rayonner au dehors l'influence de leur pays fussent privés du bénéfice de la réhabilitation. Ce serait les pousser à abandonner leur nationalité.

CHAPITRE IV

DE LA PROCÉDURE DE LA RÉHABILITATION

La procédure a, dans l'organisation de la réhabilitation, une importance capitale. C'est d'elle que
dépend en grande partie le succès de l'institution.
Pour un coupable sérieusement repentant, l'accomplissement des conditions de la réhabilitation n'est
pas difficile ; il peut sans peine arriver au moment de
sa demande. Mais alors les difficultés vont commen-
cer pour lui. Le législateur a dû se préocupper des
moyens d'éclairer sur la situation morale du demandeur les autorités chargées de statuer sur la réhabilitation : il faut une instruction, des enquêtes,
c'est-à-dire une certaine publicité, et une publicité
d'autant plus pénible pour le condamné qu'elle s'exerce
dans le milieu même où il vit. C'est là le grand écueil
de l'institution. Le condamné repentant qui rentre
dans le sein d'une société cruelle aux misérables n'a

qu'une seule préoccupation: cacher son malheur à ceux
qui l'ignorent, le faire oublier à ceux qui le connais-
sent. Il évite le bruit, il fuit la foule : sa vie obscure s'é-
coule dans le silence : le souvenir de son erreur disparaît : s'il s'est éloigné du théâtre de sa faute, c'est à
peine si quelque circonstance passagère, bientôt ou-
bliée, fait naître chez ceux qui l'entourent, un léger
soupçon. Des années de bonne conduite l'ont relevé à
ses propres yeux : mais à sa régénération morale, il a le
désir légitime, peut-être l'impérieux besoin de donner
la consécration de la réhabilitation officielle. Il adresse
sa demande: les enquêtes commencent: sa faute ou-
bliée, sa faute ignorée paraît au grand jour : il la
croit expiée, et le châtiment vraiment cruel, injuste,
commence. Pour prix de son repentir, il a la réhabilitation devant la loi, mais le déshonneur devant les
hommes.... Et cependant, dans l'organisation rationnelle de la réhabilitation, une procédure rigoureuse
est nécessaire; la société a droit à des garanties. Sans
procédure, c'est l'arbitraire, et avec la procédure nécessairement vexatoire, c'est l'innefficacité presque
absolue de l'institution........ Nous avons, dans le
cours de cette étude, signalé comme des conquêtes de
la justice et du progrès, la disparition de plus en plus
complète de l'arbitraire devant les règles inflexibles
de la loi; nous avions raison en principe, et peut-être
en fait avions-nous tort. Les lois ne sont-elles pas im-

puissantes pour relever l'homme, inflexible qu'elles
sont en face des mœurs sans cesse changeantes ?

Quoi qu'il en soit, une procédure est nécessaire :
elle doit présenter un maximum de garanties pour la
société avec un minimum de publicité et de difficultés de formes pour le demandeur. Elle doit être
prompte et discrète.

Nous aurons à signaler de nombreux changements
législatifs : c'est que sur ce point, la lumière est in-
décise et vague ; on cherche le progrès en tâtonnant.

Examinons successivement — en renversant l'ordre chronologique de la procédure :

1° Quelles autorités sont chargées de statuer sur la
demande ;

2° A la suite de quelle instruction et en quelle forme
est rendue la décision.

SECTION PREMIÈRE

Autorité qui accorde la réhabilitation.

Nous avons vu, par les quelques exemples que nous
avons empruntés à l'histoire de la Grèce et au droit
romain, que le droit de restituer les condamnés était
un attribut de la puissance souveraine exercée directement par le peuple, jusqu'à la fin de la République :
ce droit n'appartenait point aux magistrats.

Comment statuait le peuple? Sa décision était-elle une loi ou un jugement? Nous pensons, mais sans pouvoir apporter un texte à l'appui de notre opinion que la décision du peuple, à raison même de son caractère tout exceptionnel et le plus souvent politique, était une loi. Il statuait à Athènes en assemblée : à Rome, ce furent successivement les comices par curies, par centuries et par tribus qui prononcèrent les *restitutiones in integrum*. C'est par les comices par tribus, au témoignage de Cicéron [1], que furent rappelés Metellus et Marius.

Le peuple était donc le pouvoir souverain : ni le Sénat, ni aucune autre autorité ne pouvait se substituer à lui. Le tribun, sans doute, pouvait opposer son *veto* à l'exécution d'un jugement de condamnation, mais il n'y avait là rien qui ressemblât à la *restitutio*.

Le préteur, juge exclusif des *restitutiones* civiles, n'avait pas le pouvoir de restituer un condamné : ce point n'est pas douteux : « *An autem et prætor restituere possit quæritur et mihi videtur talia prætorum decreta non esse servanda* [2]. »

Sous l'Empire, les pouvoirs du peuple passent à César : si, sous certains empereurs, le Sénat était consulté, son intervention n'avait pas un caractère de nécessité légale.

1. *Ad senatum.*
2. L. I, § 10, D., *De postul.*

Dès les origines les plus reculées, dans notre ancien droit, nous trouvons l'application des mêmes principes : le droit de grâce et de restitution appartient au roi ; si on le voit, à l'époque patriarcale de la monarchie, consulter souvent l'assemblée de la nation, cet usage ne paraît pas obligatoire.

Le pouvoir du roi semble subir une éclipse pendant la féodalité ; les seigneurs qui s'arrogent le droit de faire justice prennent naturellement celui de faire grâce et de faire produire à la grâce les effets les plus complets. Mais le principe reste intact ; le droit de restitution reste un attribut de la puissance souveraine.

Le roi recouvre d'ailleurs tous les droits souverains, la féodalité disparaît et c'est le prince seul qui désormais délivre les lettres de grâce et de réhabilitation.

On sait quelle fut l'œuvre de la Constituante. Les droits du roi sous l'ancien régime étaient trop considérables : il fallait les diminuer, on les supprima ; le droit de grâce lui fut enlevé ; la réhabilitation dut être prononcée par le président du tribunal criminel de la résidence du condamné ; mais nous verrons qu'en réalité la décision souveraine appartenait à l'autorité municipale.

C'était, sous un régime politique basé sur le dogme — aujourd'hui bien contesté, et surtout bien abandonné en fait, — de la séparation des pouvoirs, une

singulière confusion des principes. On conçoit que
l'autorité municipale — la plus rapprochée du condamné — joue dans la procédure de la réhabilitation le rôle d'un témoin ; on ne la conçoit pas exer-
çant une véritable juridiction.

Le sénatus-consulte du 16 thermidor an X rendit
de nouveau le droit de prononcer la réhabilitation au
pouvoir exécutif ; l'autorité judiciaire et l'autorité
municipale ne pouvaient qu'émettre des avis.

Le chef de l'État conserva son pouvoir jusqu'à la
réforme de 1885. Mais ce pouvoir était en réalité par-
tagé avec l'autorité judiciaire. C'était la Cour d'appel
qui, en fait, accueillait ou rejetait la demande : son
arrêt de rejet liait le souverain, son arrêt d'admission
ne le liait pas. On peut donc dire que sous le régime
du Code de 1808, l'autorité judiciaire prononçait la
réhabilitation, sauf le *veto* du pouvoir exécutif.

Ce régime ne subit une éclipse que sous l'empire
du décret de 1848. L'intervention du pouvoir judiciaire était supprimée ; le ministre de la justice prononçait sur l'avis du procureur général. C'était le
maintien du droit du pouvoir exécutif, avec une aggravation d'arbitraire.

C'est la Cour d'appel, nous l'avons dit, qui prononce aujourd'hui la réhabilitation.

SECTION II
Instruction et décision.

Nous avons dit que sous l'ancien régime, l'autorité royale avait elle-même imposé des bornes à son pouvoir arbitraire. L'ordonnance de 1670 (titre XVI, art. 13 et 20) règle la procédure de la délivrance des lettres de réhabilitation. Mais, comme on va le voir, elle n'a trait qu'à de pures exigences de forme, non sans valeur, d'ailleurs; la publicité restreinte qu'elle donne à la faveur royale devait avoir pour effet bien souvent d'en assurer l'équitable répartition. Les lettres de réhabilitation devaient être entérinées par les parlements s'il s'agissait de gentilshommes, par les présidiaux ou baillages s'il s'agissait de roturiers. Avant l'entérinement, les chancelleries devaient les signifier à la partie civile, pour lui permettre d'y former opposition. Le bénéficiaire des lettres demandait l'entérinement qui était fait sans frais, sur les conclusions du procureur du roi. L'impétrant n'était pas tenu de se présenter à l'audience.

Le Code de 1791, avait voulu faire de la réhabilitation une renaissance morale ; elle devait avoir le caractère d'un baptême civique. « Le baptême civique, dit le rapport présenté à la Constituante [1],

1. *Moniteur universel*, 4 juin 1791.

doit être accompagné de solennités, et nul ne
pourra y être présenté que par des officiers municipaux du lieu de son domicile, c'est-à-dire par les magistrats et les organes du peuple, qui, témoins habi-
tuels de la conduite du condamné, pourront attester
à la société que tel, par un long repentir, a mérité
que la société lui rende son estime. »

On comprend bien à quelle procédure à la fois
pompeuse et naïve allait aboutir l'application de
ces idées.

La demande était déposée à la municipalité, accompagnée de certificats de domicile et de bonne
conduite délivrés par les municipalités des lieux
que le demandeur avait habités pendant les années
d'épreuve. La municipalité ouvrait une enquête : cette
enquête devait être terminée et la décision rendue
dans le mois qui suivait la demande.

Si elle était rejetée, pas de recours possible : un
délai de deux ans devait s'écouler avant la formation
d'une nouvelle demande, qui était soumise aux mêmes
règles que la première.

Si elle était accueillie — et elle l'était à la majorité
des membres de la municipalité, — deux officiers
municipaux, munis de leurs insignes, conduisaient le
demandeur devant le tribunal correctionnel de son
domicile ; et là, en audience publique, après lecture
de l'arrêt de condamnation, l'un des magistrats mu-

nicipaux prononçait à haute voix la formule suivante :
« Un tel a expié sa faute en satisfaisant à sa peine ;
» aujourd'hui sa conduite est irréprochable ; nous
» demandons au nom de son pays que la tache de son
» crime soit effacée. » Aussitôt après, le président du
tribunal, sans délibération, prononçait les paroles suivantes : « Sur l'attestation et la demande de votre pays,
» le tribunal efface la tache de votre crime. » Procès-
verbal était dressé, et transcrit en marge du jugement
de condamnation (C. 1791, 1ʳᵉ partie, p. 7, art. 2).

On conçoit que cette parade, très intéressante à
coup sûr pour le public, était humiliante et vexatoire
pour le condamné. Aussi comprend-on bien le peu
d'enthousiasme qu'inspira ce baptême civique : la
forme était ridicule, les effets pouvaient être odieux.

Le Code de 1808 réduisit les municipalités à leur
véritable rôle : elles ne furent chargées désormais que
de délivrer les certificats de résidence et de bonne
conduite.

La demande en réhabilitation, accompagnée d'une
expédition du jugement de condamnation et des certificats délivrés par les conseils municipaux (art. 621),
était déposée au greffe de la Cour d'appel dans le
ressort de laquelle résidait le condamné.

La notice de la demande était insérée dans un
journal du siège de la Cour et dans un journal du

siège du tribunal qui avait prononcé la condamnation (art. 625).

Sur la communication de toutes les pièces au parquet, le procureur général donnait par écrit ses conclusions motivées. La chambre criminelle devait, dans les trois mois, le procureur général entendu, statuer sur la demande (art. 626).

Était-elle rejetée, le demandeur ne pouvait la renouveler qu'après un nouveau délai de cinq ans. Etait-elle admise, le chef de l'Etat prononçait, et, dans le cas où il acceptait la décision judiciaire, les lettres de réhabilitation étaient expédiées au greffe de la Cour.

Le décret de 1848, nous l'avons dit, supprima le rôle de la Cour : seul, le procureur général représenta l'intervention du pouvoir judiciaire : le ministre statuait sur ses conclusions.

Les autres formalités étaient exigées.

La procédure organisée par le Code de 1808 eût été assez satisfaisante, sans l'insertion dans les journaux. C'était, à mesure du développement toujours croissant de la presse, une formalité de plus en plus vexatoire pour le condamné. Les cérémonies organisées par le Code de 1791 étaient ridicules, mais la publicité par la presse avait un plus lointain retentissement.

Aussi le législateur de 1852 devait-il songer à opérer sur ce point une réforme radicale. « N'y avait-il pas à craindre, disait le rapporteur, qu'un sentiment de pudeur n'éloignât de la réhabilitation ceux qui ne pouvaient l'obtenir qu'en traversant l'épreuve d'une publicité humiliante ? D'ailleurs cette mesure offrait-elle des avantages bien réels ? Elle n'amène aucune révélation que l'on ne puisse bien plus sûrement obtenir par le concours des conseils municipaux, de l'autorité administrative et de l'autorité judiciaire ? »

Quelle était, d'ailleurs, sous le régime de 1808, la principale utilité de cette publicité ? C'était d'apprendre la demande en réhabilitation aux parties lésées, de façon à ce qu'elles puissent au besoin présenter leurs observations aux autorités compétentes. Mais l'une des principales réformes du législateur de 1852, fut précisément d'obliger le condamné à fournir la preuve du désintéressement de la partie lésée.

La publicité eut été désormais purement vexatoire : elle fut supprimée.

Les autres modifications apportées par la loi de 1852 ont surtout une importance pratique : nous n'avons pas à y insister en ce moment. Disons seulement que la première instruction de l'affaire était faite par le parquet de l'arrondissement du domicile du demandeur : dès que la demande accompagnée de la quittance de la partie lésée ou de documents équivalant à cette quittance était déposée au parquet, le procureur provoquait, par l'intermédiaire des sous-préfets, les attestations des conseils municipaux des résidences du

condamné sur la durée de sa résidence, sa bonne
conduite, ses moyens d'existence, et l'avis des maires.
Il recevait, en outre, l'avis du sous-préfet, celui des juges de paix des cantons où avait résidé le demandeur,
depuis sa condamnation. Ces pièces, auxquelles
étaient jointes un extrait du casier judiciaire, un
extrait de l'acte de naissance, une expédition du jugement de condamnation, un extrait du registre d'écrou,
s'il y avait eu condamnation à une peine corporelle,
étaient transmises avec l'avis du procureur impérial
au parquet général.

Le dossier était déposé au greffe de la Cour : le
rapport à la chambre criminelle devait être fait dans
les deux mois, et l'avis de la cour, donné sur les conclusions écrites du procureur général, devait, s'il était
favorable, être transmis au ministère de la justice.

Le ministère pouvait consulter la cour ou le tribunal qui avait prononcé la condamnation : et le chef
de l'Etat statuait sur son rapport.

Telles sont, dans leurs lignes générales les règles
de procédure usitées jusqu'à la loi de 14 août 1885.
Prises séparément, les formalités exigées n'ont pas
un caractère excessif : mais leur nombre est trop considérable.

Il y avait de nombreuses réformes, des simplifica-
tions à opérer. Nous allons voir si le législateur
de 1885, a été, sur ce point, à la hauteur de sa tâche.

La principale réforme opérée par la loi du 14 août
1885, au point de vue de la procédure de la réhabilitation, a consisté, on le sait, à remettre aux mains de
l'autorité judiciaire le droit exclusif de prononcer la
réhabilitation. Mais les explications qui précèdent
nous permettent de dire que la portée pratique de
cette modification est moins grande que son importance
théorique ; le droit du chef de l'État se réduisait au
fond à la faculté dont il n'usait, pour ainsi dire, jamais, d'opposer son veto à la décision de la Cour
d'appel.

Mais, à un autre point de vue, la procédure était
singulièrement abrégée par ce changement dans l'autorité compétente : les voyages du dossier étaient
moins nombreux et les lenteurs administatives dimi-
nuées.

L'instruction de l'affaire se fait, comme sous l'empire de loi de 1852, au parquet de la résidence du demandeur, mais elle a été heureusement améliorée au
bénéfice du condamné.

Voici les détails, rapidement exposés de cette procédure. Elle présente deux phases.

§ 1er. Au parquet du Tribunal de la résidence.

Le condamné remet au procureur de la République
une supplique sur timbre contenant toutes les énonciations déjà exigées par la loi de 1852. Cette pièce

est signée par le demandeur et sa signature est légalisée. S'il ne sait pas ou ne peut pas signer, on sup-
plée à l'absence de signature par une mention signée
du maire ou du juge de paix, déclarant que lecture a
été donnée de la supplique à l'intéressé, qu'il a déclaré
qu'elle était l'expression de sa pensée et qu'il a ajouté
qu'il ne pouvait ou ne savait signer[1].

Le condamné joint à sa demande un certificat
constatant qu'il a exécuté les diverses prestations
mises à sa charge. Cette quittance lui est délivrée
pour les amendes par le percepteur, et pour les dommages-intérêts par la partie civile ou ses ayants-droit.
La quittance du percepteur est remplacée, au cas de
contrainte par corps, par un certificat qui en constate
l'exécution. Lorsque les dommages-intérêts ont été
déposés, le certificat du trésorier-payeur général ou
du receveur des finances tient lieu de quittance.
Toutes ces pièces doivent être sur timbre[2].

Le procureur de la République inscrit la demande
sur un registre spécial, aussitôt qu'il l'a reçue.

Il doit alors réunir les pièces suivantes :

1° L'expédition sur papier libre de l'acte de naissance du condamné : il s'adresse pour l'obtenir au
procureur de la République du lieu d'origine.

2° L'expédition, sur papier libre, du jugement ou

1. Note de la chancellerie, *Recueil officiel*, t. II, p. 219.
2. Note de la chancellerie, *Recueil officiel*, t. III, p. 220.

de l'arrêt de condamnation. Cette pièce, légalisée, est demandée au procureur de la République ou au procureur général près le tribunal ou la Cour qui a rendu la décision. Si l'arrêt a été rendu sur appel, on joint à l'expédition de l'arrêt, celle du jugement du tribunal correctionnel [1].

3° En cas de peine corporelle, l'extrait du registre d'écrou délivré par le directeur ou le gardien chef de la maison centrale ou de la colonie pénitentiaire où la peine a été subie : cet extrait contient la date de l'écrou, celle de la radiation, et une appréciation de la conduite du condamné pendant l'exécution de la peine.

4° Un certificat des maires des diverses communes où le demandeur a résidé depuis sa condamnation. L'usage est — et nous le regrettons — que les procureurs de la République se servent, pour obtenir ces certificats, de l'intermédiaire des sous-préfets. Ces certificats doivent contenir les mêmes indications que sous l'empire de la loi de 1852, notamment la mention expresse qu'ils ont été rédigés pour servir à l'instruction de la demande en réhabilitation. (Art. 624.)

5° L'avis des juges de paix des cantons et celui des sous-préfets des arrondissements où le condamné a résidé.

Enfin lorsque, à raison de son service militaire, ou de sa position sociale, le condamné bénéficie des dis-

1. *Arch. min.*, 17 mars 1853.

positions de l'art. 621, § 3, que nous avons étudiées plus haut, le procureur de la République demande aux chefs de corps et aux patrons ou chefs d'administration les certificats destinés à remplacer les attestation des maires : ils doivent naturellement contenir les mêmes énonciations. On pourrait inférer du texte de l'art. 621 : « Les condamnés pourront être affranchis de cette condition *s'ils justifient*, etc., etc. » que le demandeur en réhabilitation doit fournir lui-même ces certificats. Mais, comme l'article ajoute que « ces attestations et certificats sont délivrés dans les conditions de l'art. 624. », il n'est pas douteux que ce soin n'incombe au procureur de la République.

§ 2. A la Cour d'Appel.

Ces pièces sont transmises au procureur général, avec un rapport contenant l'avis motivé du procureur de la République.

Le procureur général donne à son tour son avis et provoque la réunion de la chambre des mises en accusation chargée par la loi de 1885 de statuer souverainement.

La décision est rendue, en chambre du conseil, après délibéré, sur les conclusions du procureur général, la partie ou son conseil entendus (art 628).

Le demandeur doit donc être cité : il est d'usage — et cet usage est excellent puisqu'il économise les frais et diminue la publicité, — de remplacer la citation par huissier par une simple lettre.

La décision de la Cour d'appel n'est communiquée à la chancellerie que s'il s'agit d'un étranger : les condamnations qui frappent les étrangers sont en effet centralisées au ministère de la justice, qui doit être informé de la réhabilitation, pour la mentionner au casier judiciaire (633).

La circulaire ministérielle du 19 décembre 1885 prescrit, en outre, aux procureurs généraux d'aviser les préfets de la réhabilitation des condamnés qui étaient privés de l'exercice de leurs droits électoraux. Cette communication est destinée à provoquer la réintégration du réhabilité sur les listes électorales.

Enfin l'arrêt de la réhabilitation est adressé à la Cour ou au tribunal, qui a prononcé la condamnation, pour être transcrit en marge de la minute de l'arrêt et du jugement. Mention en est faite au casier judiciaire.

Le réhabilité peut se faire délivrer sans frais une expédition de l'arrêt de réhabilitation et un extrait de son casier judiciaire. La condamnation ne doit pas, comme nous le verrons en étudiant les effets de la réhabilitation, être mentionnée sur cet extrait.

Nous avons analysé, sans nous arrêter, la procédure actuelle de la réhabilitation.

La loi de 1885 contient, entre autres, deux innovations fort heureuses ; nous voulons parler :

1° De la possibilité d'un débat contradictoire devant la Cour.

2° De la suppression des attestations des conseils municipaux. Cette délibération d'un certain nombre de citoyens sur une question aussi délicate présentait quelque chose d'odieux. Quelques précautions que puisse prendre le législateur, toute délibération entre citoyens chargés d'un mandat électif, sans garanties de discrétion professionnelle, devient nécessairement publique. Or, la publicité de l'instruction a toujours été le principal écueil de la réhabilitation. La loi de 1885 a donc accompli, a ce point de vue, une réforme heureuse. Nous pouvons ajouter que la plupart des réhabilitations sont demandées dans le but, très légitime en principe, d'exercer les droits électoraux [1]. Il était bien difficile, dans cette situation, de donner aux conseils municipaux, organes fatalement partiaux de l'opinion publique et des passions locales un rôle important dans cette procédure. Les individualités isolées sont quelquefois impartiales, les assemblées jamais. Le sort de la réhabilitation était donc livré aux hasards des passions les plus inconscientes.

L'avis du maire suffit : il semble bien difficile d'en contester la nécessité ; son indépendance et le senti-

1. Nous ne pouvons pas assurément apporter des documents de statistique ou autres à l'appui de cette déclaration. Nous croyons cependant pouvoir en affirmer l'exactitude : tous les renseignements que nous avons pris à ce sujet l'établissent absolument.

ment de sa responsabilité doivent faire présumer son impartialité.

Moins utile nous paraît l'intervention des juges de paix, mais très dangereuse celle des sous-préfets. Ces fonctionnaires sont devenus, depuis surtout que le droit d'élection, rendu à tous les conseils municipaux, a donné aux maires l'indépendance, de purs agents politiques. Leur intervention, dans une matière qui touche à des questions électorales, peut avoir les résultats les plus contraires à l'équité [1].

Il y aurait donc, à notre avis, quelques progrès à réaliser dans ce sens.

Nous avons dit que la décision de la Cour d'appel était définitive et souveraine. En principe cependant sa décision peut être, conformément aux règles générales, déférée à la Cour de cassation pour violation de la loi, soit au fond, soit dans la forme. La cassation serait prononcée, par exemple, si la Cour d'appel avait accordé la réhabilitation avant l'expiration du délai d'épreuve, ou sans tenir compte des autres conditions exigées par la loi.

Cette question était beaucoup plus délicate sous

---

1. Une polémique entre journaux d'un ressort voisin de celui de la Cour de Toulouse contenait, à ce sujet, de curieuses révélations. Le préfet était amené à déclarer publiquement, comme une chose toute naturelle, que le demandeur en réhabilitation, un gros personnage condamné pour escroquerie au jeu, avait fait agir auprès de lui des hommes politiques influents, lui avait promis de ne pas user de l'éligibilité que devait lui rendre sa réhabilitation, etc., etc.

l'empire de la loi de 1852. La Cour d'appel, en effet, n'avait alors qu'à émettre un avis.

La Cour de cassation en déduisit que la décision de la Cour d'appel n'était pas un véritable arrêt, aussi se refusait-elle à examiner les recours formés devant elle pour violation de la loi [1].

Cette doctrine ne nous paraît pas exacte.

La Cour, en effet, donnait son avis : elle concluait au rejet ou à l'admission de la demande.

En cas de rejet, nous l'avons vu, sa décision était souveraine : le chef de l'État ne pouvait pas passer outre. Il est bien difficile de ne pas voir, dans cette hypothèse, un arrêt souverain.

Pour l'avis d'admission, la question est plus délicate ; car le chef de l'État peut ne pas s'y conformer. Il y avait cependant toutes les formes des arrêts ordinaires, et des prescriptions rigoureuses de la loi dont l'exécution devait avoir une sanction.

Le doute n'existait pas, d'ailleurs, si la décision était déférée à la Cour de cassation par le ministre de la justice. L'article 441 du Code d'instruction criminelle qui lui donne ce droit s'applique en effet, non seulement aux arrêts, mais à tous les actes d'un tribunal quelconque [2].

---

1. Cass., 1 septembre 1853, S. 54, I, 692; 21 avril 1855, S. 55, J, 475; 18 janvier 1867, S. 67, I, 266 ; 17 novembre 1871, S., 72, I. 145.
2. Cass., 31 janvier 1839, S. 39, I, 999 ; 27 avril 1865, 65, I, 289.

CHAPITRE V

En principe les effets de la réhabilitation sont fort simples : son étymologie les indique, l'esprit même de l'institution les consacre.

Le crime ou le délit qu'il a commis ont créé au condamné une situation particulière : la réhabilitation le rétablit dans celle qu'il occupait avant sa faute.

Voici le principe ; il peut, sous l'empire des mœurs ou des nécessités sociales, subir des modifications dans l'application qui en est faite; au fond, il reste toujours le même.

L'idée mère des institutions analogues à notre réhabilitation moderne a pu varier : autre elle est dans le droit romain, autre dans l'ancien droit. En étudiant leurs effets, à Rome d'abord, dans notre ancien droit ensuite, sous le droit moderne enfin, nous allons rencontrer de frappantes analogies.

SECTION PREMIÈRE

Droit romain.

On distinguait à Rome les peines *capitales* qui portaient atteinte au *caput*, c'est-à-dire, soit à la vie, soit à la liberté, soit au droit de cité du condamné, et les peines non capitales, qui laissaient intacts ces divers droits.

Les peines capitales faisaient subir au condamné une *maxima capitis minutio*, en cas de perte de la vie ou de la liberté, une *media capitis minutio*, en cas de perte du droit de cité.

Le cas de mort n'intéresse pas notre étude.

Le condamné perdait la liberté quand il était condamné aux mines, *in metallum*.

Il perdait le droit de cité par les condamnations à l'exil ou aux travaux forcés perpétuels *in opus perpetuum*. Sous l'empire l'exil fut remplacé par la déportation.

La *maxima capitis minutio* assimilait le citoyen à l'esclave : elle lui enlevait à la fois ses droits politiques et civils, sa personnalité et son patrimoine. Il perdait le droit de participer aux élections (*jus suffragii*) et d'aspirer aux emplois publics (*jus honorum*). Il ne pouvait même pas contracter le mariage du droit civil (*jus connubii*) : son mariage, antérieurement contracté, se trouvait dissous.

La *media capitis minutio* assimilait le citoyen à un pérégrin, et ne lui laissait que les facultés du droit des gens. Ce fut seulement sous le Bas-Empire et grâce à l'influence des idées chrétiennes qu'on décida le maintien du mariage contracté par le citoyen frappé d'une *media capitis minutio*.

A côté des peines capitales, d'autres, — le plus grand nombre — tout en respectant en principe les droits civils et politiques du condamné, le frappaient d'incapacités particulières plus ou moins fortes. C'est ainsi que l'individu condamné pour adultère, pour concussion ou pour la production d'un libelle calomnieux (*carmen famosum*) perdait le droit de tester.

L'infamie enfin résultait souvent des condamnations criminelles. Elle laissait intacte la qualité de citoyen : mais elle privait le condamné du droit d'obtenir toutes les fonctions publiques (*jus munerum honorumque*) : certains droits privés même étaient atteints : l'infâme ne pouvait ne servir de *cognitor* ou de *procurator* en justice, ni constituer un *cognitor* ou un *procurator*. Il ne pouvait être ni tuteur, ni témoin en justice.

Toutes ces incapacités survivaient souvent à la peine : l'infamie était perpétuelle.

La grâce ne les éteignait pas : « *Indulgentia....*

nec infamiam criminis tollit, sed pœnæ gratiam facit[1]. »

La *restitutio*, au contraire, produisait les effets normaux de notre réhabilitation : elle faisait disparaître toutes les déchéances et toutes les incapacités résultant de la condamnation.

Sous l'Empire cependant, on distingua deux sortes de *restitutiones* : l'une, la plus fréquente[2], qui était accordée *in integrum* et produisait tous les effets normaux ; l'autre, dans la formule de laquelle étaient énumérés les droits rendus au condamné : cette énumération était considérée comme limitative.

Le prince se servait souvent de la formule : « *Restituo te patriæ et bonis.* » Le condamné recouvrait alors ses droits de citoyen et son patrimoine : mais il restait privé des *munera et honores*.

Dans le cas où la *restitutio* avait ses effets complets, elle était accordée en ces termes : « *Restituo te dignitate et bonis.* » — On agita la question de savoir si dans le mot « *dignitas* » était comprise la puissance paternelle. La discussion divisa les jurisconsultes les plus illustres : l'affirmative, admise par Papinien, combattue par Paul et Ulpien, finit par triompher : une constitution de Constantin la consacre[3].

1. L. 3, D., *De gener. abolit.*
2. L. 1, C., *De sent. pass. et restit.*
3. L. 13, C., *eod. tit.*

La *restitutio* subissait d'ailleurs de nombreuses modalités. Le restituait-on seulement *patriæ*, le condamné
ne recouvrait pas ses biens, ses créances et ses dettes
ne renaissaient pas. Elles restaient de même éteintes,
si certains objets seulement lui étaient rendus [1].

Si une quote part de son patrimoine lui était rendue,
les créances et les dettes renaissaient dans la même
proportion.

La règle souveraine était d'ailleurs le caprice du
prince. Il modifiait à son gré les effets de la *restitutio* :
il pouvait, à sa guise, lui donner ou lui refuser un
effet rétroactif au jour du jugement de condamnation.

Que décider, à ce dernier point de vue, quand la
formule de la *restitutio* gardait le silence ?

Si la *restitutio* avait eu, comme sous notre droit
moderne, le caractère d'une récompense accordée à
la bonne conduite et au repentir, la question, théori-
quement, n'aurait pas pu être douteuse. Mais on sait
quel était le caractère de la *restitutio*. Aussi les jurisconsultes avaient-ils discuté. La question nous paraît
tranchée dans le sens de la non-rétroactivité par une
constitution de Constantin, qui décide que la restitution de la puissance paternelle n'invalide pas les actes passés par les enfants pendant la durée de la déchéance [2] Il n'y a donc rien d'analogue au *postlimi-*

1. L. 3, C., *eod. tit.*
2. L. 13, § 1, C., *De sent. pass. et restit.*

nium en cas de réhabilitation. Cette solution est d'ailleurs la plus équitable et la plus conforme aux intérêts des tiers.

Cette question de rétroactivité mise à part, les effets de la *restitutio* étaient aussi complets que possible. On allait jusqu'à accorder au condamné, non seulement l'aptitude aux fonctions dont la condamnation l'avait dépouillé, mais ces fonctions elles-mêmes, lorsqu'elles n'avaient pas été attribuées à des tiers.

L'application du principe présentait d'assez graves difficultés pour certains droits privés.

La parenté était rétablie avec toutes ses conséquences de droit commun. Le restitué pouvait donc désormais recueillir toutes les successions qui s'ouvraient à son profit : il ne pouvait pas cependant — en vertu du princice de non-rétroactivité que nous avons étudié plus haut — réclamer celles qui s'étaient ouvertes entre le jugement et la restitution.

Le même motif empêchait de renaître le mariage, dissous par la condamnation. Les anciens époux, s'ils désiraient lui rendre ses effets, devaient le contracter à nouveau. Il y avait, d'ailleurs ici, des raisons si particulièrement graves d'adopter le principe de non-rétroactivité, — la nécessité, notamment, de ne pas dissoudre un second mariage, régulièrement contracté, — qu'il trouvait son application, même dans le cas de *postliminium*.

Le testament fait par le condamné avant la condamnation redevenait valable quoique la peine lui eût enlevé toute efficacité. Il n'y avait pas là une violation de non-rétroactivité, mais bien l'application du principe qui domine toute la matière des dispositions testamentaires et qui est formulé dans la maxime : « *Media tempora non nocent.* » Toutes les incapacités postérieures à la confection du testament importent peu, si le testateur a retrouvé sa capacité au moment de son décès.

Le condamné recouvrait enfin tous ses droits personnels ou réels. Le fisc, qui avait pris possession de ses biens, devait les lui rendre : s'il les avait vendus, il en restituait le prix. Pour faciliter la restitution en nature, une constitution d'Arcadius et Honorius décida que les biens confisqués ne pourraient être aliénés que deux années après la condamnation[1]. On sait que la confiscation fut abolie par Justinien et remplacée par un droit de succession ouvert au profit des ascendants ou descendants jusqu'au troisième degré. Ce fut donc à ces derniers que le réhabilité dut s'adresser pour obtenir la restitution de ses biens. Il y avait là, peut-être, une violation du principe de non-rétroactivité : elle était nécessaire pour qu'à ce point de vue, la *restitutio* ne fut pas inefficace.

Certains droits étaient si étroitement attachés à la

1. L. 17, Code Théod., *De bon. prescript.*

personne que même la *media capitis minutio* les
éteignait définitivement : tels l'usufruit, l'usage, les
operæ servi et animalis. La *restitutio* ne les faisait pas
renaître.

SECTION II.

Ancien droit français

Nous trouvons d'une façon générale, dans notre
ancien droit, l'application des mêmes principes. Les
déchéances étaient effacées, les incapacités abolies :
mais la réhabilitation, sauf le cas d'une décision
spéciale du roi, n'avait pas d'effet rétroactif. Un
auteur du XVIIe siècle en résume ainsi les effets :
« Par ses lettres, le roi remet, rétablit et réhabilite
» un condamné en sa bonne fame et renommée tout
» ainsi qu'il était avant le jugement de condamnation,
» sans que pour icelle il lui puisse être imputé aucune
» incapacité ni aucune note d'infâmie, lesquelles de-
» meurent ôtées et effacées avec pouvoir de contracter
» et faire tous actes civils [1]. »

On sent dans cette définition de la réhabilitation,
l'influence des idées morales dont nous avons esquissé
la marche. On voit dans cette institution un double
but : une renaissance civile et une régénération mo-

[1]. Rousseaud de Lacombe, *Matière criminelle*, p. 520.

rale. Pothier[1] insiste sur cette idée : « Par ces lettres,
» dit-il, le roi restitue à l'impétrant la vie civile qu'il
» avait perdue par une condamnation capitale ou
» l'état de bonne renommée qu'il avait perdu par une
» condamnation infamante ».

Ce dernier effet, purement moral, ne pouvait pas
donner lieu à des difficultés juridiques...

Le condamné réhabilité reprenait donc l'exercice
de tous ses droits civils et politiques. Rentrait-il en
possession des biens confisqués à la suite de la condamnation?

Certains auteurs prétendaient que dans toutes les
lettres de grâce, — et nous savons que les lettres de
réhabilitation y étaient comprises, — une clause formelle était nécessaire pour restituer au condamné les
biens confisqués[2]. Cette opinion s'appuyait d'abord
sur l'idée générale de la réhabilitation qui a moins
pour but de rendre au condamné ses biens que sa capacité. Elle tirait aussi un argument *a contrario* du
texte de l'art. 28 (titre XVII) de l'ordonnance de 1670.
Cet article s'occupe d'une hypothèse dans laquelle
des lettres de justice sont accordées : il décide que,
dans ce cas « les *meubles et immeubles sur eux confisqués leur seront rendus* ». Or, dit-on, cet article ne
s'applique pas aux lettres de réhabilitation.... L'argu-

2. *Procédure criminelle*, section VII.
1. Becquet, *Traité des droits de justice*, ch. XVI, n° 4.

ment a la valeur toujours très relative des arguments *a contrario*.

La sauvegarde des droits des tiers dominait, d'ailleurs, toute la matière : c'était l'effet du principe de non-rétroactivité. C'est ainsi que les tiers acquéreurs des biens confisqués étaient à l'abri de la revendication : aucun texte ne nous dit même que le fisc fut obligé de restituer le prix de l'aliénation. Une disposition relative aux lettres de justice (Ord. de 1670, t. XVII, art. 20.) décide que le fisc, possesseur des biens confisqués, peut conserver les fruits perçus. Cette disposition doit être appliquée *a fortiori* à la réhabilitation qui produisait en faveur du condamné des effets moins grands que les lettres de justice.

SECTION III

Droit intermédiaire et législation moderne.

Nous avons vu que toute l'exagération des solennités qui accompagnent la réhabilitation, sous l'empire du Code de 1791, provenait de l'idée que s'en était fait le législateur et de l'image par laquelle il avait exprimé cette idée : c'était une seconde naissance morale, un baptême civique. C'était pousser à l'excès le sens révélé par l'étymologie du mot *réhabilitation*.

Nous allons retrouver l'influence de cette doctrine

en examinant les effets de la réhabilitation pendant
cette période de notre droit.

Le réhabilité était un homme nouveau. Comme sous
le droit ancien, il reprenait les biens qu'il avait perdus ; mais rien ne nous permet de penser qu'il pût
répéter les fruits ou agir contre les tiers.

Il rentrait en possession des droits privés concernant la personne et dans l'exercice de ses droits politiques : c'était là le résultat ancien et depuis longtemps
acquis de l'institution.

Mais la Constituante alla plus loin : poussant à l'excès une idée juste, elle effaça à jamais, et à tous les
points de vue, les conséquences de la première condamnation, de telle sorte que si le réhabilité commet-
tait un nouveau crime, il ne se trouvait pas en état de
récidive et que sa condamnation passée ne pouvait
avoir aucune influence légale sur la nouvelle.

C'était très logique et c'était peut-être fâcheux. Si
la réhabilitation constate — elle ne fait pas autre
chose — la bonne conduite et le repentir qui ont suivi
et réparé la première infraction, elle oblige morale-
ment le coupable à redoubler dans l'avenir ses efforts
pour rester dans la bonne voie. Commet-il un nouveau
crime, la confiance que lui a témoignée la société en
lui rendant tous ses droits criera contre lui.

Mais on était en 1791 à l'époque des mots sonores
et de la logique implacable.

Le Code de 1808 revint sur ce point au vrai principe. Il ne dit plus que la réhabilitation effaçait « tous les effets de la condamnation. » Il se borna à dire : « La réhabilitation fait cesser pour l'avenir dans la » personne du condamné, toutes les incapacités résul- » tant de la condamnation (art. 635). »

Ce texte fut reproduit dans la loi de 1852.

Quelle était sa portée, lorsque le condamné était frappé de *mort civile ?*

La *mort civile,* on le sait, lui enlevait son patrimoine. Nous croyons, en dépit de la formule un peu étroite du texte de la loi, que le réhabilité pouvait reprendre ses biens.

Les incapacités étaient soit la dégradation civique, soit la surveillance de la haute police, avec leurs conséquences légales.

On sait que la mort civile fut supprimée par la loi du 31 mai 1854 et remplacée par l'incapacité de disposer et de recevoir par donation entre vifs ou par testament. Il est évident que la réhabilitation faisait disparaître cette incapacité.

Il en était de même pour les incapacités plus spéciales, dont nous avons parlé et dont les art. 171 et 178, C. P. nous donnent le type.

L'article 42 du Code pénal permet au juge d'interdire, dans certains cas, en tout ou en partie, l'exercice des droits civils et de famille qu'il énumère. Quoi-

que ces diverses incapacités ne fussent pas, de plein
droit, attachées à la condamnation, elles en étaient
la conséquence, et disparaissaient par l'effet de la
réhabilitation.

On avait proposé, lors de la discussion du projet de
loi de 1843, qui fut rejeté par la Chambre des pairs,
de distinguer entre les incapacités civiles et politiques
et d'exclure ces dernières du bénéfice de la réhabilitation. La commission même avait admis cette proposition et le motif sur lequel elle s'appuyait était très
sérieux sous le régime censitaire, qui faisait du droit
de vote l'apanage de certaines situations présentant
au point de vue de la fortune et de l'honorabilité des
garanties particulières ; elle faisait remarquer que la
dignité du citoyen qui se mêle à la gestion des intérêts publics ou à la nomination des assemblées élec-
tives doit être plus grande que celle de l'individu qui
se contente de gérer ses intérêts privés ; que d'ailleurs
la privation des droits politiques est moins cruelle
et moins fâcheuse que celle des droits civils et peut,
en conséquence, être accordée avec plus de parci-
monie. — On sait que ce projet de loi n'aboutit pas.

La Révolution de 1848 et l'institution du suffrage
universel modifiaient singulièrement la situation. Tout
le monde désormais peut voter : l'infaillibilité du nombre est proclamée. Aussi la distinction entre les droits
civils et politiques ne devait-elle pas avoir grande

fortune. Proposée deux fois, d'abord dans la discussion de la loi de 1850 au sujet de l'incapacité de tenir
école, puis dans les travaux préparatoires de la loi de
révision du Code pénal de 1852, elle ne fut pas admise.

On avait cependant essayé d'appuyer cette distinction sur des textes déjà existants. L'art. 34 du Code
pénal, disait-on, ne désigne par le nom d'*incapacités*
que les déchéances civiles, et donne aux déchéances
politiques le nom d'*exclusion*, de *privation* ou de *destitution*. C'était donner une singulière importance à
des questions de terminologie ; le législateur n'avait
voulu qu'éviter des répétitions et des redondances.
D'autres articles d'ailleurs, notamment les art. 171 et
175, C. P., emploient le mot *incapacités* pour les déchéances politiques.

Il existait cependant, sous l'empire du Code de 1808
et de la loi de 1852, certaines incapacités que la réhabilitation ne faisait pas disparaître : c'étaient celles
qui ne résultaient ni directement ni indirectement de
la condamnation.

On en concluait que l'officier ministériel condamné
à une peine criminelle ne recouvrait pas par la réhabilitation ses droits électoraux [1]. La perte en effet, en
résultait, non pas du jugement de condamnation, mais
du jugement de destitution [2].

1. Colmar, 26 juillet 1861, S. 62, 2, 31.
2. Décret du 2 février 1852, art. 4, § 8.

14

Aussi une loi fut-elle nécessaire pour modifier cette règle. La loi du 19 mars 1864, étendit aux officiers ministériels frappés de destitution le bénéfice de la réhabilitation, sous la condition d'observer les règles portées pour la réhabilitation ordinaire par la loi de 1852.

Cette loi est encore en vigueur, et les officiers ministériels qui en profitent sont soumis désormais à la procédure organisée par la loi du 14 août 1885 ; elle assimile en effet les officiers ministériels aux autres condamnés ; leur réhabilitation doit donc suivre le sort des réhabilitations ordinaires.

D'autres incapacités survivent, mais pour des motifs bien différents, à la réhabilitation : ce sont celles qui frappent les banqueroutiers frauduleux (art. 612, C. de c.). Le Code de commerce a organisé pour eux une réhabilitation spéciale plus rigoureuse : il ne faut pas, qu'en recourant à la réhabilitation ordinaire, le banqueroutier puisse éviter les conséquences plus sévères de son infraction.

La loi de 1885 n'avait qu'à généraliser les résultats acquis.

On a vu qu'elle étendait le bénéfice de la réhabilitation à toutes les condamnations correctionnelles sans exceptions : cette réforme était nécessaire : l'institution du casier judiciaire avait pour résultat de créer contre tout condamné des déchéances de fait.

De cette réforme, ayant un but très positif, on a voulu conclure que la loi de 1885 effaçait à la fois les conséquences juridiques et la flétrissure morale résultant de la condamnation. Nous avons dit que c'était là un effet possible, mais non un effet normal de la réhabilitation : les questions d'honneur, de flétrissure morale échappent à la compétence du juge : l'opinion publique en est la règle souveraine.

La réhabilitation efface la peine, et détruit tous ses effets tangibles : elle est, à ce point de vue, quelque peu semblable à l'amnistie.

C'est ainsi, et c'est là la plus importante de ses conséquences peut-être, que l'extrait du casier judiciaire délivré à des particuliers, ne contiendra pas la mention de la condamnation [1]. Il n'en est pas de même des extraits délivrés au ministère public. Il y a, dans cette exception, une violation des principes ; mais elle est nécessaire, nous allons le voir.

La condamnation est effacée : nous avons vu qu'elle ne ferait plus désormais obstacle à une nouvelle demande de réhabilitation formée à raison d'un crime ou d'un délit ultérieur. Elle n'aura désormais aucune influence légale en matière de récidive.

Nous avons étudié les variations législatives sur ce point. Le législateur de 1885 est revenu aux principes

1. Une circulaire du garde des sceaux du 24 août 1876, contenait déjà cette prescription : mais elle n'était pas légale.

de 1791. La question, qui avait été discutée sous l'empire du Code de 1808, ne l'est plus aujourd'hui.

Est-ce un bien? est-ce un mal? L'innovation a été fortement combattue. La nouvelle infraction commise par le réhabilité, disait-on, fait présumer qu'il n'avait obtenu sa réhabilitation que par la fraude et l'hypocrisie. L'ancienne faute doit se dresser devant lui : il est en état de récidive et l'aggravation morale est particulièrement grave.

Le législateur ne s'est pas rendu à ces raisons, dont on ne saurait méconnaître l'importance. Il a été jusqu'au bout dans la voie de la clémence. La loi du 27 mai 1885 avait d'ailleurs fait prévoir ce résultat en décidant que la condamnation effacée par la réhabilitation ne comptait pas pour la relégation.

L'extrait du casier judiciaire délivré au ministère public contient d'ailleurs la mention de la condamnation et de la réhabilitation : le juge pourra donc, dans les limites du minimum au maximum, frapper d'une façon particulièrement sévère un coupable aussi peu intéressant. — Voilà pourquoi, tout en maintenant les réserves que nous avons exprimées plus haut, au sujet de la loi de 1791, nous ne voulons pas condamner absolument cette innovation de la loi de 1885.

A un autre point de vue, la loi nouvelle produit des effets bien larges. Nous pensons en effet que si la condamnation a entraîné l'indignité dont l'héritier est

frappé par l'art. 727 du Code civil, la réhabilitation
efface cette indignité. L'opinion contraire était généralement admise sous l'empire de la loi de 1852, par
le motif qu'on voyait dans cette indignité moins une
incapacité qu'une privation d'une hérédité déjà appré-
hendée. Quoi qu'il faille penser de cette opinion, il
est certain que dans les deux premiers cas de l'artic.
727 du Code civil — meurtre ou tentative de meurtre
— les seuls dans lesquels une condamnation est prononcée contre l'indigne, cette indignité résulte de la
condamnation. Étant donné les termes généraux de la
loi du 14 août 1885, il faut décider que la réhabilitation
efface même cette conséquence de la condamnation.

Nous devons, en terminant, examiner une question
qui pourra, pendant quelque temps, présenter un
certain intérêt.

La loi de 1885, nous l'avons vu, produit, à certains
points de vue, des effets plus complets, plus étendus
que les lois antérieures. Le condamné réhabilité sous
l'empire des lois anciennes peut-il demander à profiter de l'extension des effets de la réhabilitation,
édictée par la loi de 1885.

Le principe de la non-rétroactivité des lois pénales
peut-il lui être opposé ? On sait quelle est la portée
de ce principe et sans entrer dans l'examen des difficultés qu'il soulève, nous pouvons constater qu'on
l'interprète comme une faveur pour l'accusé.

Les lois de procédure au contraire n'ont pas, d'une façon générale, ce caractère de non-rétroactivité : on en connaît le motif : elles ont pour but non pas l'appréciation du fait délictueux et de sa répression, mais la recherche de ce fait ; elles sont censées améliorer, au point de vue de la recherche de la vérité, qui intéresse autant l'accusé que la société, la procédure antérieure.

Mais nous ne croyons pas que la législation sur la réhabilitation puisse être rangée, au point de vue qui nous préoccupe, parmi les lois pénales pures ni parmi les lois de procédure pénale. Elle soulève, sans doute, des problèmes de droit pénal : elle règle des questions de procédure ; mais elle a son caractère spécial particulier.

C'est donc dans les principes généraux du droit qu'il faut chercher la solution du problème juridique que nous avons à résoudre.

On n'a pas à se demander ici si le principe de non-rétroactivité des lois, en général, est un principe constitutionnel, applicable toujours et quand même, ou simplement un principe d'interprétation judiciaire.

Le législateur peut, à son gré, donner aux lois ou leur refuser un caractère rétroactif.

Quelle a été l'intention du législateur de 1885 ? Le texte est muet sur ce point.

Nous pensons que la solution de la question dépend

de la portée que l'on donne aux réformes de la loi de
1885 ! Si le législateur a créé une réhabilitation nouvelle, basée sur des principes nouveaux, si les modifications dans les effets peuvent être considérées
comme le résultat d'un changement dans le principe
et dans le caractère de l'institution, il faut décider
que le législateur n'a statué que pour les réhabilitations à venir ; les réhabilitations antérieures conti-
nueront à produire les effets qu'elles produisaient
normalement au moment où elles ont été prononcées.

Si le législateur, au contraire, n'a fait qu'améliorer
l'institution, en tirant du principe déjà existant des
conséquences plus complètes ou plus exactes, il serait
étrange de faire une situation plus favorable au condamné qui aura demandé sa réhabilitation au lende-
main de la promulgation de la loi, qu'à celui qui
l'aura demandée quelques jours avant.

Nous pensons que la loi de 1885 a ce dernier caractère ; toute notre étude le démontre ; si, sur certains
points, tels que l'extension du bénéfice de la réhabilitation à toutes les condamnations correctionnelles,
la loi de 1885 a innové sur les réhabilitations réglementées par les lois antérieures — et c'est seulement
à propos de ces dernières que se pose la question de
rétroactivité — elle n'a fait que consacrer ou qu'é-
tendre les résultats acquis ; le principe est resté le
même ; seuls la procédure et les effets ont varié. Nous

serions donc disposés à accorder à ces effets un caractère rétroactif.

La solution contraire entraînerait d'étranges conséquences. Supposons un condamné réhabilité avant
la loi de 1885 : il est dans une situation inférieure à
un condamné réhabilité après cette loi ; mais s'il a
commis un nouveau délit et s'il obtient sa réhabilitation, sa situation sera, après quelques années, grâce
à sa nouvelle infraction, notoirement améliorée...

Nous devons constater cependant que le Conseil
d'État vient d'adopter une jurisprudence contraire à
notre système. Nous ne connaissons pas le reste de
l'arrêté, ni les motifs juridiques sur lesquels il s'appuie. Nous trouvons seulement dans un journal judiciaire (*Gazette du Palais*, n° du 8 mars 1881), l'indication de cette décision. Il s'agissait, dans l'espèce,
d'un recours contre la décision du chef de l'État qui
avait refusé de réintégrer dans les cadres de la Légion
d'honneur un condamné réhabilité.

APPENDICE

LÉGISLATION COMPARÉE

Notre étude ne serait pas complète si nous n'y ajoutions quelques indications sur les législations étrangères.

Par un phénomène assez étrange, mais qui est fait pour donner quelque espoir à ceux qui croient à un triomphe définitif du droit sur la force brutale, l'idée d'un droit international prend de plus en plus une large place dans l'esprit des jurisconsultes et des penseurs à mesure que les nécessités de la lutte pour la vie obligent davantage les nations à fermer rigoureusement leurs frontières.

En matière pénale, plus qu'en toute autre, l'internationalité du droit n'est peut-être pas un rêve.

Eu attendant la réalisation de cet idéal, nous devons noter sur la matière qui nous occupe les divergences et les ressemblances.

Les législations étrangères peuvent être divisées en deux groupes.

1° Celles qui ne distinguent pas ou distinguent fort peu la réhabilitation de la grâce, et qui n'y voient encore qu'une mesure de faveur.

2° Celles qui, adoptant les principes qui ont prévalu en France depuis près d'un siècle, ont donné, sous des modalités de procédure diverses, à la réhabilitation un caractère judiciaire.

I

Les premières sont incontestablement les plus nombreuses ; peut-être même a-t-on le droit d'affir‐ mer que la tendance s'accentue de plus en plus en ce sens dans la plupart des législations européennes. C'est ainsi qu'en Belgique où notre Code d'instruction criminelle a été longtemps en vigueur, la révision de 1867 a abrogé les articles 619 à 634. La réhabilitation n'est plus qu'une mesure gracieuse dont l'effet et les conditions dépendent de l'arbitraire du roi (C. pén. belge, art. 87)[1].

Cette disposition a été adoptée par le grand duché de Luxembourg.

La loi espagnole du 22 décembre 1870 (art. 45)

1. Voy. Lèmelette, *Bulletin de la Société de législation comparée,* 1882, page 341.

se rapproche davantage de notre loi de 1885, tout en faisant de la réhabilitation un acte de clémence, elle exige certaines conditions déterminées, par l'article 16 du Code d'instruction criminelle.

A côté de ces législations il en est plusieurs qui ne contiennent aucune mention de la réhabilitation, soit que cette institution ait été jugée inutile, soit qu'on l'ait remplacée par des institutions analogues.

C'est ainsi que le Code de procédure pénal allemand de 1877 ne contient aucune disposition sur la réhabilitation et ne connaît que la grâce et l'amnistie. Il en est de même du Code pénal autrichien de 1874 ; toutefois, si la réhabilitation est inconnue dans le droit autrichien, le Code pénal établit la liberté provisoire dans le but d'obtenir l'amendement du condamné. On peut en dire autant du Code pénal hongrois (art. 48) et du Code pénal promulgué en 1884 dans le royaume des Pays-Bas. La loi roumaine du 26 janvier 1874 remplace la réhabilitation par une autre institution, celle de sociétés de patronage qui prennent le condamné à sa sortie de prison dans le but d'arriver à son amendement.

Ces diverses législations ne comprennent pas que la rehabilitation morale du condamné doit avoir pour résultat et pour récompense sa réhabilitation sociale.

II

On ne trouve guère en Europe que les législations suisse, norwégienne et italienne qui admettent une institution analogue à notre réhabilitation.

Encore convient-il d'ajouter qu'en Suisse la réhabilitation n'existe pas partout. Nous ne connaissons que la loi de procédure pénale du canton de Neufchâtel (7 avril 1875) qui permette de demander la réhabilitation cinq ans après l'expiration de la peine ; le délai est de dix ans pour les récidivistes.

En Norwège, une loi du 9 juin 1883 autorise la demande en réhabilitation cinq ans après l'expiration de la peine ou l'obtention de la grâce. La procédure est analogue à celle qu'organise notre législation ; le roi, qui est chargé de prononcer la réhabilitation, ne peut la rejeter si les conditions exigées sont remplies.

Enfin le Code de procédure pénale italien de 1859 (art. 813 à 826) reproduit les dispositions de notre Code de procédure.

Mentionnons également deux projets de lois qui admettent la réhabilitation.

Le projet de Code pénal du Japon modèle la réhabilitation sur les dispositions de la loi de 1852 ; cependant c'est au prince qu'il appartient de consacrer les dispositions judiciaires.

Dans le projet du Code pénal russe de 1882, les tribunaux d'arrondissement ont la faculté de décharger les condamnés de la conséquence des condamnations, après l'écoulement de la moitié de la peine. Le

condamné doit justifier de sa bonne conduite depuis
la condamnation et d'un séjour de deux ans dans la
même localité.

Les divergences que nous venons de signaler —
elles sont profondes — entre les diverses législations,
ne permettent pas d'espérer qu'on pourra arriver, de
longtemps, à une réglementation internationale de la
réhabilitation.

———

POSITIONS

DROIT ROMAIN

I. La distinction entre les actions *bonæ fidei* et les actions *stricti juris* devait être faite en considérant les actions *bonæ fidei* comme exceptionnelles par rapport aux actions *stricti juris* et comme limitativement énumérées par les textes.

II. La *condictio certi generalis* n'a jamais existé.

III. Quand un immeuble était hypothéqué à la fois en premier et en troisième ordre à un même créancier, celui qui avait sur cet immeuble l'hypothèque de rang intermédiaire n'était pas obligé, pour exercer le *jus offerendi*, de payer au premier le montant de ses deux créances. Il en était autrement si les deux hypothèques du créancier, à l'égard duquel était exercé le *jus offerendi*, se suivaient.

IV. L'exception de dol ne transforme pas toute action dans laquelle elle est insérée en action *bonæ fidei*.

DROIT CIVIL

I. Les tribunaux civils peuvent ordonner, par voie de rectification d'un acte de l'état civil, l'insertion, dans cet acte, d'un titre de noblesse injustement omis.

II. La clause d'un contrat de mariage, qui réserve à la femme l'administration des biens dotaux est incompatible avec le régime dotal.

III. On peut faire un don manuel avec réserve de la nue-propriété.

IV. L'hypothèque légale de la femme mariée ne garantit pas la pension alimentaire mise à la charge du mari, par un jugement de séparation de corps.

V. L'article 2205 du Code civil est applicable au cas où la saisie a porté sur un immeuble indivis quant à la jouissance seulement.

PROCÉDURE CIVILE

I. Lorsqu'un jugement de défaut, faute de comparaître, a été rendu contre tous les codébiteurs solidaires, l'exécution de ce jugement, qui est faite contre un seul de ces débiteurs, empêche, contre tous les autres, la péremption de six mois de l'art. 156, C. P. Civ.

II. L'art. 717, § 2, C. P. Civ., est inapplicable au droit de folle-enchère.

DROIT COMMERCIAL

I. Les pharmaciens sont commerçants.

II. Les dispositions de l'art. 633 du Code de commerce qui répute actes de commerce tous achats de bâtiments pour la navigation intérieure et extérieure n'est point applicable au non-commerçant qui a commandé à un constructeur un yacht de plaisance, destiné à des voyages d'étude ou d'agrément.

DROIT PÉNAL

I. Le jugement ou arrêt prononçant la relégation doit indiquer, sous peine de nullité, à quels documents est emprunté le relevé des condamnations à raison desquelles la relégation est en cause.

II. En matière criminelle, une remise de cause contradictoire dûment constatée, est un jugement préparatoire et constitue un acte d'instruction ou de poursuite qui interrompt la prescription, mais ne saurait avoir pour effet de la suspendre.

III. Les secrétaires de mairie peuvent distribuer des bulletins de vote sans encourir aucune peine.

DROIT ADMINISTRATIF

I. Lorsque la restitution des objets saisis ou des

15

dommages-intérêts sont demandés à raison de la saisie opérée par un commissaire de police, en vertu d'ordres émanés du ministre de l'intérieur ou d'un préfet, les tribunaux civils sont compétents : l'examen de la décision administrative en vertu de laquelle a été opérée cette saisie, leur appartient.

ÉCONOMIE POLITIQUE

I. L'intervention du pouvoir législatif dans la réglementation du travail dans les ateliers, usines et fabriques, tant au point de vue de la durée du travail que des personnes employées, est légitime et nécessaire.

II. Les Expositions universelles ne sont utiles à l'industrie et au commerce nationaux que sous un régime de protection à outrance.

Vu par le Président de la thèse,
Toulouse, le 9 avril 1889.
Georges Vidal.

Vu par le Doyen,
Toulouse, le 10 avril 1889.
J. Paget.

Vu et permis d'imprimer,
Toulouse, le 10 avril 1889.
Le Recteur,
Cl. Perroud.

TABLE DES MATIÈRES

DROIT ROMAIN

DE LA RESTITUTIO IN INTEGRUM METUS CAUSA

DROIT FRANÇAIS

DE LA RÉHABILITATION DES CONDAMNÉS

Châteauroux. — Typographie et Stéréotypie. A. MAJESTÉ.

Châteauroux. — Typ. et Stéréotyp. A. MAJESTÉ.

www.ingramcontent.com/pod-product-compliance
Lightning Source LLC
Chambersburg PA
CBHW070549200326
41519CB00012B/2172